臺灣歷史與文化研究輯刊

八 編

第 1 冊

郁永河《裨海紀遊》研究

陳虹如 著

花木蘭文化出版社

國家圖書館出版品預行編目資料

郁永河《裨海紀遊》研究／陳虹如 著 -- 初版 -- 新北市：花木
蘭文化出版社，2015〔民 104〕
序 4+ 目 6+180 面；19×26 公分
（臺灣歷史與文化研究輯刊 八編；第 1 冊）
ISBN 978-986-404-427-6（精裝）
1. 裨海紀遊 2. 研究考訂
733.08　　　　　　　　　　　　　　　104015130

ISBN-978-986-404-427-6

9 789864 044276

臺灣歷史與文化研究輯刊
八 編 第 一 冊　　　　　　　　ISBN：978-986-404-427-6

郁永河《裨海紀遊》研究

作　　者	陳虹如	
總 編 輯	杜潔祥	
副總編輯	楊嘉樂	
編　　輯	許郁翎	
出　　版	花木蘭文化出版社	
社　　長	高小娟	
聯絡地址	235 新北市中和區中安街七二號十三樓	
	電話：02-2923-1455／傳真：02-2923-1452	
網　　址	http://www.huamulan.tw 信箱 hml810518@gmail.com	
印　　刷	普羅文化出版廣告事業	
初　　版	2015 年 9 月	
全書字數	133079 字	
定　　價	八編 29 冊（精裝）台幣 58,000 元	

郁永河《裨海紀遊》研究

陳虹如　著

作者簡介

　　陳虹如，台灣嘉義人，台灣師範大學國文所碩士，目前任教於國立民雄高級農工職業學校。碩士班畢業後，曾得助於「臺北市七星田園文化基金會」對台灣文化研究的贊助，在莊萬壽老師主持籌劃下，與同學共同完成「臺灣十七、十八世紀農業社會文化—以《裨海紀遊》、《臺海使槎錄》為中心」的研究報告書。亦參與臺師大人文教育中心主編的《臺灣文化事典》詞條的撰寫工作。

　　不讀書時，喜歡發呆和旅行，耽於心安美好，嚮往閒散生活。自身懶慢性格，時間竟過了十多年，本書現得以順利出版，全感謝一路給予關懷、始終極力敦勉的台北爸爸—莊萬壽老師。

提　　要

　　第一章　緒　論

　　個人所使用《裨海紀遊》的版本，是根據民國四十八年（1959）四月由臺灣銀行經濟研究室所刊行本。以《裨海紀遊》此書作為立論依據，在寫作上則秉持陳述和解析兩項主軸進行。在文獻探討上，則分為《裨海紀遊》之前和其同時的資料，以及目前和《裨海紀遊》相關的研究成果三個部分來說明。

　　第二章　清初台灣社會結構變遷

　　在清初的整個台灣社會可以說是由官方、新移民、平埔族三部分所組成，以這三個組成部分加以分析，將有助益於了解郁氏於清政府統治台灣十餘年（1683～1697）後，他所呈現出當時的台灣社會真實狀況和對統治制度提出的質疑。

　　第三章　《裨海紀遊》對台灣自然環境陳述之解析

　　《裨海紀遊》的內容乃客觀記載康熙三十六年（1697）台灣自然環境，本章即針對郁氏陳述加以整理條列，而其在當時科學知識不足的限制下，所記載內容難免不盡詳細或有錯誤，則以今日之角度予以解釋辨析和補充。

　　第四章　《裨海紀遊》對清廷統治制度陳述之解析

　　由於郁氏親身經歷真切記述地清初治台的成效和缺失，同時針對清政府治台的心態和措施，在《裨海紀遊》中也彰顯了郁氏的觀點。

第五章 《裨海紀遊》對平埔族物質文化陳述之解析

面對台灣日漸消失的平埔族群，具體文物的保留，格外深具意義，企圖建構平埔族們原始的社會生活時，藉由認識此一族群的食、衣、住、行，乃至娛樂的工具。

第六章 《裨海紀遊》對平埔族精神文化陳述之解析

以母系為主是其社會生活、社會地位的考量，尤其是在婚姻制度和財產承繼制度方面。平埔族原始社會最高層的精神展現為其信仰，原始信仰和大自然的關係特別密切，處處可見超自然力量融合在平埔族生活點滴。

第七章 有關《裨海紀遊》的文學意義及其發展

《裨海紀遊》作為一本遊記文學亦有其價值地位，郁氏在詩和竹枝詞的創作，正是傳統古典文學薰陶和台灣特殊自然人文環境的激盪。關於《裨海紀遊》的文學發展，則以個人所見以《裨海紀遊》為原型而進行的再創作，將以西川滿、葉石濤、顏金良、報導文學四個部分，來說明《裨海紀遊》一書在文學後續所產生的餘波影響。

第八章 結論──《裨海紀遊》的價值及其時代意義

從台灣這三百年來在自然與人文環境上的變遷，來突顯《裨海紀遊》一書的時代意義和價值。並對於像《裨海紀遊》之類的台灣古典文獻資料，不管是加以保存或是研究，予以肯定。

從中國學到台灣學之路
陳虹如《郁永河裨海紀遊研究》序

莊萬壽

　　郁永河《裨海紀遊》（1697 年）是實錄台灣的最早第一本著作。陳虹如的《郁永河裨海紀遊研究》是《裨海紀遊》在學術上的第一本著作，也是第一篇學位論文。她與林淑慧同時寫《黃叔璥台海使槎錄研究》，郁、黃兩書正是台灣研究文獻的雙璧。

　　虹如與淑慧都出身於中文系，而攻入了台灣文化史的領域，我話且從頭說來。

　　台灣戒嚴時代，學術教育的禁錮，「台灣」是不存在的命題。台灣只能從中國文學、中國歷史的縫隙中，露出一絲的殘影。歷史科、政治性強，台灣史全被閹割；而國文科的當代詩文尚能滲出一些鄉土生活的情愫。而台灣古典詩文的研究，當初被視為中國詩文的延續，允許研究生寫作，只是缺乏台灣主體性。因此，台灣研究的風潮，最先還是從中文系迸裂而出的。

　　我 1969 年進入師大任國文系講師前，我老早在高中就習作古新詩文而深愛之，曾教過用時間最多的「中國文學史」十年。但總存詩文欠缺批判性與社會性的偏見，不知是否我與生俱來就潛存思想與歷史的家族基因，有擔心被殖民洗腦的敏感度。先從父親的頭殼與若干藏書學習。1970 年代初，我買一套《台灣省通誌》與方豪主編《台灣叢書》，是引領我自學跨入台灣學的導師。1974 年中，我曾在《師大青年》設〈台灣文史叢談〉連載我的短文。1988 年解嚴後，我開始在各大報紙、雜誌發表政論，主要是彰顯台灣主體性文化。

　　1992 年秋，我休假結束，在國文研究所，開「中國學術思想研討」的課

程，必修，又有三小時，有較多的研究生與上課時間。我將傳統漢學的「經、史、子、集」轉化為現代學科：語（言）文（字）、思想、文學、史學諸領域，並分解為多元的族群、地域、學派，用比較、批判的方法，討論、授課。我同時將台灣文史哲與台、日學者的台灣研究，分項放入講綱之中。我國文所所指導的研究生也開始以台灣為題材。

1993 年 8 月我就任「人文教育中心」主任，在中心的教師班與國文系大學部開「台灣文化概論」，希望教師、學生多認識與認同台灣文化。我在中心五年，全力推動台灣本土學術、藝文的活動，是台灣諸大學的台灣化的先鋒。當時日夜辛勞，寫國科會漢學論文不輟，閱讀準備台灣文獻教材，並發表政論，針砭時事。

我 1994 年申請國科會到東京大學研究一年，因兼行政提早返台，但在東大我趕出一篇二萬字的〈台灣本土文化理論的建構〉，應是文化理論的首作，然而敝帚自珍，並非周延，後來集結成 1997 年出版的《台灣論》一書，。

返台後，我將「中國學術思想」課，改為一學期上中國、一學期上台灣，我沒有經研生同意，毅然改變，今思之，真歹勢。我必須要詳閱台灣史料、方志，但力有未逮。尤其我開一門極其艱澀的史學史書劉知幾的《史通》，用以批判孔儒，啟迪疑惑，這是台灣的中國文史學系，至今從未有人開過的課程，我有幸也出版了《史通通論》一書。

1997 年南部一書局找我主編召集，編寫新「國中國文」教科書。我是台灣唯一台派國文教科書主編，約有十年。我邀請有理念的名學者、台灣文學教授參與，選文的現代性與本土性特色，創新又實用，使本版書長期暢銷，常居全台首位。當時書局想選某篇散文，但通篇多處出現「中國人」，我就請作者是否改掉「中國人」，他同意而自己改為「古人」。為台灣少年主編國文教科書，這是我一生對大眾教育最安慰的感受，出版界說：書局敢找我很大膽。確實我常受網路攻擊，2002 年我還是台灣教授協會會長，政論照寫，遊行照行。

一直到 2003 年我籌設師大台文所成立前，十年間我同時教授與研究中國與台灣的學術。屬於中國的如「莊子」、「經史」，我用精確的學術論述，破其封建文化、民族主義，工夫甚深。屬於台灣的我又在研究所開「台灣文化思想」（是在師大教書的最後一門課到 2008 年 6 月）、大學部開「台灣文化批判」來立台灣文化的主體意識。平心而論，博覽古典漢籍、又能開竅的台灣學者

太少，所以「破」的工夫不足；相對之下，台灣新傳統的「立」又談何容易。

　　1997 年入學的師大國文所碩士班我指導三生，即虹如的《裨海紀遊》、淑慧的《台海使槎錄》，這兩書是我推薦的，他們兩位從來未曾想過寫台灣學術；另一生詹慧蓮則寫《魏晉夫婦關係》雖是中國的，卻具有現代批判意義（後博論仍由我指導寫《台灣五大家族與傳統漢文化》）。

　　碩論 2000 年通過，兩本台灣的經典論文，都有原創性。《裨海紀遊》是十七世紀末最早來台唐山人的見聞遊記，我主編的「國文」，也收郁永河的〈台灣竹枝詞〉。虹如參考文化人類學知識分類詳析，呈現三百多年前台灣山川、氣候、住民、物產的原貌，並最早手繪郁永河來台行經路線地圖，似是今日中研院網站地圖之所本。虹如論文網路點閱次數高達一千多次，遠比一般博碩士論文高出甚多，這不僅是郁永河《裨海紀遊》是台灣漢籍文獻的第一書，亦是虹如論文的精見卓識。在我多年多次的催促下，她增訂補正，終於出版，填補了台灣文獻的重要空白。

　　台灣漢文古籍不是很多，但仍有待一一研究與白話文譯注，僅台灣銀行的《台灣文獻叢刊》309 種書，多有必要作譯注，尤其是方志。現在台灣本土學門研究所招生萎縮，中文系出身能熟諳古文，進入台灣所的研生日少。中文系比歷史系（他們另有開闊的研究天地）出身更適合來整理、譯注傳統方志史籍，是他們較有文言文、詩詞以及聲韻學（語言學）的素養。保守又眾多的傳統中文系生不能走向現代語文（文學）之路，現今中文研究所畢業的人才，實可以走回本土，參與台灣古籍的整理工作，不失是有意義的出路。這有待未來政治、教育環境的變革。由於陳虹如的《郁永河裨海紀遊研究》的出版，讓我回溯如何從中國學走回台灣學之路，也祝福她繼續打拼前進。

2015.6.11　寫於台北杭宅

誌　謝

　　當年懷著送給父親最後一份禮物的心，意外地進入師大國文所碩士班就讀；也因爲「中國學術思想」一門課，而完成了自己唸中文系時從沒想過的台灣題材論文。記得每回到永康街老師家，總無比的忐忑和緊張，只要對老師的提問稍有遲疑，甚或全無頭緒，內心就是慚愧和沮喪；只要能應答正確，走下五樓階梯的腳步輕盈跳躍，足夠開心好幾天。這些畫面至今回想仍深覺有趣難忘。

　　莊老師，他絕對是位嚴師，而且以身作則，他對台灣學術研究的貢獻，對台灣這塊土地的熱愛，看在我們這些學生眼裡，滿是感佩和敬意。2001 年，我成爲一位中學教師，雖離開了學術的殿堂，但十多年的教書生涯，始終認眞以對，因爲我有一位好老師爲榜樣在。

　　但我比別人幸運，老師更是我的慈父、我的靠山。在台北我有一雙父母，他們對我如女兒般關懷照顧，常常溫暖著、鼓勵著我，我知道，這是一段珍貴的情誼，相隔北嘉兩地，我想念著他們。

虹如　2015.6

　　謹以此書獻給～天上爸爸和台北爸爸。

目次

第一章　緒　論

首先，敘述論文寫作的研究動機，交待個人所使用《裨海紀遊》的版本，是根據民國四十八年（1959）四月由臺灣銀行經濟研究室所刊行本。其次，有關研究方法部分，除以《裨海紀遊》此書作爲立論依據，在寫作上則秉持陳述和解析兩項主軸進行。在文獻探討上，則分爲《裨海紀遊》之前和其同時的資料，以及目前和《裨海紀遊》相關的研究成果三個部分來說明。

第一節　研究動機

一、關於郁永河與《裨海紀遊》

郁永河，字滄浪，浙江杭州仁和人，其生卒年，並無明確記載。然郁氏於康熙三十六年（1697）來台則無庸置疑，當時郁氏自云：「余以斑白之年，高堂有母，寧遂忘臨履之戒，以久處危亡之地乎」〔註1〕，方豪依此推測郁氏來台之時，「他至少也是五十以上，將近六十，或甚至是已過六十的人」〔註2〕；費海璣則明確的說：「郁氏撰裨海紀遊的時候年齡是五十三」〔註3〕，然而其說法不知何據，實際上，由於目前史料欠缺要考據出郁氏確實年齡存有困難，因此，有關郁氏生卒年代的記錄，都僅止於推測階段，不過大抵生於明清政權轉移之交（1644）左右。

〔註1〕清・郁永河《裨海紀遊》，頁27。
〔註2〕方豪爲《裨海紀遊》所作合校本，於民國三十九年（1950）十一月，由臺灣省文獻委員會印行，方豪爲此寫了一篇兩萬字的長序，此推測即是序中所言。
〔註3〕費海璣〈裨海紀遊研究〉《書目季刊》六卷一期，頁25。

　　康熙三十六年（1697），郁氏在二月二十五日由鹿耳門利用小舟牛車登岸，到同年十月四日任務完成登舟離台，短短不滿八個月的一趟台灣行。郁氏此行的任務，是因康熙三十五年（1696），福建的榕城（福州）火藥庫發生爆炸，五十餘萬斤的硝磺火藥燬之於一旦，因此急需台灣雞籠、淡水的硫礦〔註4〕，郁氏以為是可來台一遊的大好時機，於是便自願承擔這項工作。當時台灣中北部大半地區，自然環境惡劣，對採硫工作執行更添難度，大多的在台官員也都建議郁氏只需留置臺灣府治（台南）遙控即可，但對郁氏個人，他既已來台，面對這樣的勸告，他僅是回答說：「茲行計役工匠、番人數百人，又逼近野番，不有以靜鎮之，恐多事，貽地方憂；況既受人託，又何惜一往」〔註5〕，便親自率眾前往。

淡水東南山中之火山與硫坑

資料來源：王雅倫《法國珍藏早期台灣影像》，頁86。

〔註4〕「臺灣北部大屯山系產硫磺。即使在西班牙人據有北臺灣的期間（1626～1642），荷蘭人也已經委託漢人到此製作、採買。所得之硫磺出口到亞洲各地，特別是印度。但在1640年代中期，因為明、清政權交替，中國方面也進口不少。」陳國棟《臺灣的山海經驗》，頁408～409。

〔註5〕清・郁永河《裨海紀遊》，頁16。

　　成就此行當然也包括郁氏個人喜愛冒險的因素，他「凡山川幽奇之區，周不足歷而目覽焉」〔註6〕，喜至人所未至之地，而其想台灣一遊，誠有其脈絡可尋；他曾說：「余性耽遠遊，不避阻險，常謂臺灣已入版圖，乃不得一覽其概，以爲未慊」〔註7〕又嘗謂：「探奇攬勝者，毋畏惡趣；遊不險不奇，趣不惡不快」〔註8〕，以能遊爲生平一大樂事、引以爲豪的大事，認爲能夠行遍萬里路，足以使韓愈、李白等前哲稱羨。除此之外，其天性樂觀，雖有多人勸阻，他仍笑笑地表示凡生死有命，既是上天的安排，那麼環境水土的惡劣又如何能奈何了他？「況生平歷險遭艱，奚止一事？今老矣！肯以一念之惡，事半中輟，嗒然遂失其故我耶？且病者去矣，而不病者又以畏危去，將誰與峻所事？與其今日早去，何如前日不來？疇其能余迫？今既來矣，遑惜其他？心志素定，神氣自正，匪直山鬼降心，二豎且遠避百舍」〔註9〕，一任其既來之則安之的豁達瀟灑。

　　康熙三十七年（1698）郁氏將台灣行訴諸文字，而有《裨海紀遊》一書的誕生，由其書觀其人，除了藉其記載回顧三百年前的台灣；其次由於郁氏個人雖以「遊」的瀟脫態度經歷一切，然於《裨海紀遊》一書中仍可感受到，郁氏本身是位有強烈責任感的人，郁氏曾自云：「良以剛毅之性，有進無退，謀人謀己，務期克濟」〔註10〕，誠信之人，亦值得給予嘉許認同。我們可以想像得到郁氏在台灣的採硫行，沿途不免遇及自然風災、疾病的頓挫，而致使郁氏發出「非人之境」〔註11〕一語，因爲有這樣的感慨，很容易被理解成是郁氏對台灣的貶抑，然而個人以爲假使今日設想，易地而處，換做任何一位心非木石之人，目睹因採硫而受害的無辜者，或者是客死異鄉的同伴性命，而有這樣憤慨的發抒，是可以理解的。

　　至於《裨海紀遊》，此書因刊刻年代不同，版本多達二十種以上，現今以方豪所校之版本就有三種：一是民國三十九年（1950）十一月，由臺灣省文獻委員會印行，爲臺灣叢書第一種，內容尚包括方豪所寫的一篇序文和其所輯的〈文獻彙鈔〉，也都是可貴的參考資料；一是民國四十八年（1959）四月

〔註6〕清・郁永河《裨海紀遊》，頁1。
〔註7〕清・郁永河《裨海紀遊》，頁1。
〔註8〕清・郁永河《裨海紀遊》，頁27。
〔註9〕清・郁永河《裨海紀遊》，頁27。
〔註10〕清・郁永河《裨海紀遊》，頁27。
〔註11〕清・郁永河《裨海紀遊》，頁40。

臺灣銀行經濟研究室版，為臺灣文獻叢刊第四四種，此書方豪再寫〈弁言〉以為補充；一是民國八十五年（1996）臺灣省文獻委員會為完成「臺灣歷史文獻名著輯印計畫」，將臺灣文獻叢刊的版本重加輯印。

　　本論文所根據的是民國四十八年（1959）四月臺灣銀行經濟研究室所刊行的版本。而本論文依此版本的原因有二：其一是由於此版本經過方豪的合校，而其於合校時，乃秉持著求古本、求旁證、求致誤之故的校勘學原則，且在其所親見的版本中，去蕪除菁，最後參校六種不同版本〔註12〕整理而成；再者，此版本的〈弁言〉部分，乃由方豪自民國三十九年至四十八年（1950～1959），九年期間再陸續蒐集的資料整理，將有關於《裨海紀遊》作者郁永河、《裨海紀遊》版本等部分加以補充說明，所以在資料的陳述更為完整。

二、撰寫本文的初衷

　　個人始終懷著一顆謹慎嚴肅的心，常有既為台灣人，不知台灣史的慚愧，選擇了台灣古典文獻的研究，純粹想藉著自己學習與認識的機會，表達對台灣文化關懷之情，尋探屬於我們所擁有的歷史文化，這的確是帶有使命感的自省，但論文書寫的一路下來，心裡愈加清楚這條路是必須走的，雖說辛苦也認真其中而甘之如貽。

　　至於為何選擇以《裨海紀遊》做專書的研究？詹素娟認為「清代文獻的重新梳理，事實上是平埔族研究中接續中文文獻斷層的最重要前提」〔註13〕，以此信念，書寫本文的同時，個人心存著一種特別的使命感和體認這是對文獻資料本身所做基礎工作必要的一步，一直以來，《裨海紀遊》是記載或研究台灣的工作者必定會加以引用的文獻。但郁氏《裨海紀遊》中對台灣相關的記載，究竟是否全可徵信？值得深入的探討。再者，《裨海紀遊》一書在文獻資料上，作為清初漢人對台灣的認識和記錄，此書在此一時期的文獻代表性上，自然無需贅述，可是目前為止，單獨針對《裨海紀遊》一書來做論述解析的文章，多屬期刊論文發表，論文專著仍未出現，個人冀望本論文能塡補

〔註12〕（1）雍正十年（1732）周于仁的渡海輿記刻本（2）張潮等自道光十三年至二十九（1833～1849）輯刻的昭代叢書本裨海紀遊（3）道光二十三年（1843）鄭光祖所輯刻的舟車所至叢書本採硫日記（4）約在咸豐三年（1853）的粤雅堂叢書本採硫日記（5）光緒四年至六年（1878～1880）的蔡爾康刻本裨海紀遊（6）約在光緒十年至二十年（1884～1894）之間的小方壺齋輿地叢鈔本裨海紀遊。

〔註13〕莊英章《台灣平埔族研究書目彙編》，頁11。

這個空白。

　　此外，《裨海紀遊》當中占有比重相當大的部分，是陳述台灣平埔族群的論述。平埔族人史是台灣史上的重要時間階段，但他們的歷史和文化卻由於缺乏記載，而流失在蒼茫的暮色之中，我們現在靠著一些圖冊和片言隻語的記錄，試圖重建他們與外人初初接觸時的文化特色，也想探索造成悲劇命運的軌跡，所謂歷史的借鑑作用，以古為鑑，懲前毖後，大概就在其中。而關於平埔族群本身就是一個嚴肅的課題，本文只是作為初步的探討，相信隨著新資料的發掘與問世，針對台灣的社會與文化，我們將逐漸有更清楚的認識，那麼對於如何妥善處理目前弱勢族群和弱勢文化的問題，我們或能有某些程度上的啟示，進而思考解決因應之道。

　　要言之，可以說是基於個人對台灣土地和對人民的關懷，因而選擇了以郁永河的《裨海紀遊》做專書的研究，這也只是在個人學習與做研究的一個過程而已，是作為個人認識台灣、熱愛台灣具體行動的開始。

第二節　研究方法

一、以《裨海紀遊》為本文立論根據

　　清治台灣由康熙二十二年（1683）至光緒二十一年（1895）馬關條約割讓與日本，時間長達二百一十二年；在清初治理時台灣社會仍多未知數，對清政府來說，台灣是仍屬於一為未開化、沒有文化的區域，郁氏的《裨海紀遊》之作，正呈現出這一時期的社會原貌，在十七世紀即將結束時，《裨海紀遊》的問世，為早期台灣歷史留下珍貴的史料記錄。當然康熙三十六年（1697），在煙波縹緲間，十二舶參差並進，浩浩蕩蕩由廈門登舟來到台灣，我們不禁要問難道郁氏不知危險嗎？郁氏他自己說：「若此地者，蓋在在危機，刻刻死亡矣！」〔註14〕可見他是心知肚明的，既是如此，我們姑且不論郁氏究竟因為何故來台，起碼能有《裨海紀遊》一書的傳世，讓研究台灣和關心台灣的人，很幸運地都能在此書中尋找到老台灣的足跡。

二、以陳述及解析兩大主軸進行立論

　　以郁永河的著述《裨海紀遊》為本文立論的根據，以書為主，援引資料，

─────────────

〔註14〕清・郁永河《裨海紀遊》，頁 27。

分析討論，《裨海紀遊》多是郁永河親身的體察，這本書好似一塊璞玉，不待琢磨益顯得樸拙無華之實，然而郁永河他的看法並非絕對精確，而無謬誤之處；因此個人秉持著郁氏他在書中提到什麼，就分析什麼；有幾分證據講幾分話，以做為本文寫作的原則。

陳述的部分，指的是對於郁氏他在描述台灣的正確記載部分，作客觀的陳述，再加以解釋補充，在這當中，對個人而言，最感興趣的是有關自然環境和人類生活的廣度，所以是專心一意於對種種特殊現象的豐富性和多樣性的了解，藉以欣賞自然和人類千姿百態的美感和感動。

解析的部分，則是針對郁氏錯誤的記錄，所做的分析更正工作，本論文的論述方向，始終是嘗試解釋其意、分析其是否據理可言，避免以訛傳訛的失誤，為其說法尋找來源，藉由歷史學、社會學、文學等各學科心血研究的成果，整合出正確對台灣的認識印象，個人以為惟有如此，《裨海紀遊》一書的價值才可能真正地被呈現。

不可諱言，《裨海紀遊》不但是一本有遊記趣味的書，且又是具有各學科知識的文獻資料；互相印證、彼此幫襯，兼可供有志於研究人類學、社會學乃至歷史學之用；以平埔族群文化這一課題為例更是如此，因為當我們把平埔研究做為一個學術範疇，就無法為任何一學科所專屬，這點我們可以從現代研究者的殊多背景中獲得證實〔註15〕；回歸到以《裨海紀遊》為研究主題亦然，正可提供出一科際整合最佳的發揮空間、是進行學際對話的理想場域。

〔註15〕「1、文獻採集工作者對於史料的搜集、整理與出版，如《台灣平埔族研究書目彙編》。2、鄉土文獻工作者的實地調查、採訪與記錄，如五○年代的吳新榮、陳春木，五、六○年代的陳漢光，八○年代的劉還月、楊南郡，九○年代的張振岳等，相沿不斷，為平埔族群的當代動態留下各種形態的報導，他們的現場記錄，常成為學術研究者記實資料的來源；他們在媒體上的高發表率，更是促進平埔後裔族群意識覺醒、尋找歷史根源的催化力。3、學院用學者的調查與研究，呈現兩種面向：一是基於平埔族群歷史角色的特性，台灣開發史、土地關係史的研究，直接、間接都會觸及平埔領域，所以在相關論著中，史學背景者其實佔多數，如黃富三、尹章義、石萬壽、張炎憲、王世慶、溫振華、翁佳音、張隆志、詹素娟；二是顯現多學科的特色，如語言學有李壬癸、地理學有施添福、宗教學有陳志榮、人類學的李亦園、潘英海、鍾幼蘭等人。」詹素娟〈族群歷史研究的「常」與「變」——以平埔研究為中心〉《新史學》六卷四期，頁133～138。

第三節　文獻探討

一、《裨海紀遊》之前的相關資料

　　南宋・趙汝适的《諸蕃志》〔註16〕，撰於理宗寶慶元年（1225），當時對於台灣的認識仍停留在「語言不通、商販不及；袒裸盱睢，殆畜類也」〔註17〕的印象。而到元・至元五年（1349），汪大淵所撰著《島夷誌略》，內容有關澎湖的〈彭湖〉和台灣的〈毗舍耶〉兩條文，在敘述方面超越前作的範圍，更重要的是，汪大淵他針對台灣描述的段落，其「無異暗示台灣論述中一種新形式的產生，它試圖化解因無知（ignorance）和荒謬（absurdity）而引起的不安與恐懼，重新定位台灣在認知和價值上的位置。尤其值得注意的是，它將台灣放在整個海外貿易網中，『海外諸國，蓋由此始』，商業活動進一步解除了台灣的神秘，而且也暗示文明的到來」〔註18〕，這在台灣的定位上有一大突破。

　　明代萬曆三十年（1602），陳第因隨沈有容所帶領的軍隊追擊倭寇於東番（台灣），之後於次年著〈東番記〉，這篇記錄以字數和廣度來說，大概是歷來有關台灣的論述中，最完備也最詳細的一篇，學者譽爲「實不遜於現代人類學家之調查報告」，雖然它的第一句話仍是「東番夷人不知所自始」，然而接下來對台灣地理位置及地名的描述十分詳盡〔註19〕，使得台灣開始有比較明確的內容；這篇田野紀錄雖然簡易，但對台灣南部平埔族的族社組織、形貌、居處、婚葬、器物、生產方式、生活習俗卻多有所述，以致於後世的記載在探討與台灣平埔族傳統文化有關的記述上，很少再超出它的範圍；但其仍未觸及有關平埔族形而上的宗教信仰等方面，後來的清人著述亦大略如此。

　　荷治台灣時期，所留下的報告記錄，是研究早期十六、十七世紀台灣的重要文獻資料。1628 年十二月二十七日荷蘭傳教士 Candidius,Georgius 所寫的〈Account of the Inhabitants〉一文，內容對於台灣南部的平埔族生活，包括他

〔註16〕《諸蕃志》分爲卷上〈志國〉、卷下〈志物〉兩部分，在〈志國〉中有〈流求國〉和〈毗舍耶〉二則敘述，與台灣有關。
〔註17〕宋・趙汝适《諸蕃志》，頁38。
〔註18〕莊雅仲〈裨海紀遊：徘徊於自我與異己之間〉《新史學》四卷三期，頁65。
〔註19〕「居彭湖外洋海島中；起魍港、加老灣，歷大員、堯港、打狗嶼、小淡水、雙溪口、加哩林、沙巴里、大幫坑，皆其居也。斷續凡千餘里」，清・沈有容《閩海贈言》，頁24。

們的語言、風俗、習慣都有深刻的認識。後有英文譯文收錄在（William Campbell）所編《Formosa under the Dutch》〔註20〕書中的第一部第二節，而其中文譯文則有陳奇祿以筆名子彬翻譯成〈三百年前台南地方的住民〉，發表於1945年的公論報，從二月一日至五月十日分十次連載，以及葉春榮翻譯爲〈荷據初期的西拉雅平埔族〉，發表於1994年九月三十日《臺灣風物》四十四卷三期。本論文在引用這篇文章時，則是以甘爲霖的英譯本爲主，陳奇祿和葉春榮的中譯文爲輔。

　　另外，1657年het Algemeen Rijksarchief的《巴達維亞城日記》〔註21〕，是以荷蘭巴達維亞東印度總督府爲中心，而有關東印度各地的日記，日譯本爲村上直次郎譯注，中譯本第一、二冊由郭輝翻譯，第三冊則是程大學翻譯，且由臺灣省文獻委員會印行出版。除此之外，近數年來，台灣的曹永和，日本的岩生成一、中村孝志及荷蘭的萊登大學包史樂等教授，正還在陸續整理荷治時期的熱蘭遮城日記。荷治台灣的相關記錄，都可提供十七世紀台灣平埔族、漢人及以東印度公司所有與中國、台灣有關的資訊、荷蘭東印度公司的各項措施、荷蘭基督教會在台灣向原住民傳教的情形等，對早期台灣史的了解有很大的助益。

二、與《裨海紀遊》同時代的著作

　　清代前期台灣方志中，康熙二十六年（1687）的《臺灣府志》，由臺灣府第一任知府蔣毓英纂修，內容分爲十卷〔註22〕，是時台灣新入清版圖，此書對於後來官方纂修的方志或者各廳縣志、采訪冊，甚至是私人記遊的著作，

〔註20〕 Campbell,Rev.W. 1903《Formosa Under the Dutch》，「本書乃荷據時期史料彙編。書中分三部份，第一部份是有關台灣的總論，係採自 Valentyn 的新舊東印度誌和 Candidius 的台灣略說；第二部份有關教士之傳道事業，採自 Grothe 之佈教史料類纂；第三部份則爲有關漢人對台灣之征服。書末並附有極具參考價值之附錄及書目。」莊英章《台灣平埔族研究書目彙編》，頁110。

〔註21〕 此文獻資料源起於荷蘭東印度公司，在巴達維亞設立總督（Governor General），在台灣設立督辦（Governor），台灣督辦每月均需向總督報告台灣狀況；而巴達維亞總督也必須定期向荷蘭聯邦會議報告，所以在荷蘭阿姆斯特丹的荷蘭國家檔案館，便保存有許多東印度公司有關台灣的資料。

〔註22〕 卷一：沿革、分野、氣候、風信、封隅、坊里。卷二：敘山。卷三：敘川（附海道潮汐）。卷四：物產。卷五：風俗（附土番）。卷六：歲時、規制、學校、廟宇（附養濟院）、市廛（附渡橋）。卷七：戶口、田土、賦稅（附存留經費）、祀典。卷八：官制、武衛。卷九：人物（開拓勳臣、勝國遺裔、勳封遇難、縉紳流寓、節烈女貞）。卷十：古蹟、災祥、兵亂、扼塞。

都是廣爲資料援引取材之用。至於康熙三十三年（1694）由高拱乾始修的《臺灣府志》，此書自諸羅知縣季麒光的〈臺灣郡志稿〉、知府蔣毓英所存的草稿以及台灣貢生王喜所輯〈臺灣志稿〉等材料編彙而成，而於在康熙三十五年（1696）梓行，全書分十志〔註23〕，每志各成一卷；由於高拱乾的《臺灣府志》對於了解清代初納台灣的情形，是研究者重要的參考文獻，可是因爲高拱乾有一再掠人之美之嫌，所以方豪認爲高氏將蔣毓英〔註24〕和王喜〔註25〕的纂修隱而不提，便不願將此志歸於高氏。而本論文爲避免混淆，以及書寫方便，將以《蔣志》、《高志》作爲二書的區隔。

至於成書時間稍晚於《裨海紀遊》的清代文獻中，本論文於論述時所參考引證的資料，主要包括有《諸羅縣志》、《臺海使槎錄》及《番社采風圖考》，因其相距《裨海紀遊》的時代上較爲接近，且各具有其特出之處。《諸羅縣志》是由知縣周鍾瑄主修、監生陳夢林編纂，周鍾瑄於康熙五十六年（1717）夏四月寫的序云：「梓成，乃呈之各上憲弁諸簡端，而余并識其歲月始末於次云」，此書內文分爲十二志〔註26〕，每志各成一卷，《諸羅縣志》向爲學人推稱是台灣舊修方志中最善者〔註27〕。書中另附有一組台灣原住民的風俗圖十幅〔註28〕，因其年代比較接近郁氏，故本論文多以此爲附圖引用。

《臺海使槎錄》則爲康熙六十一年（1722），首任巡臺御史黃叔璥所作，全書分爲八卷，前四卷稱〈赤崁筆談〉，後四卷爲〈番俗六考〉、〈番俗雜記〉。其中〈番俗六考〉首先將台灣原住民分爲北路諸羅番十種及南路鳳山番三種，

〔註23〕 封域、規制、秩官、武備、賦役、典秩、風土、人物、外志、藝文十志。

〔註24〕 「但『高志』卷三『名宦』在『守土文臣』中，蔣毓英名下又云：『傳載藝文』，而卷十『藝文志』『蔣郡守傳』中，絕不提其纂修『府志』事。高拱乾一再掠人之美，於此可見。」方豪〈清代前期臺灣方志的編纂工作〉《台灣人文》二期，頁7。

〔註25〕 「由於他剽竊王喜、季麒光等人材料，而佔爲己有，而『修志姓氏』中且不列王喜之名。一直到劉良璧修第三部府志時，纔將王喜的名字補上。」方豪〈清代前期臺灣方志的編纂工作〉《台灣人文》二期，頁9。

〔註26〕 封域、規制、秩官、祀典、學校、賦役、兵防、風俗、人物、物產、藝文、雜記十二志。

〔註27〕 方豪曾就《諸羅縣志》修纂之善分析其因，認爲可能「康熙五十三年（一七一四）周鍾瑄出任知縣，五十五年聘陳夢林修志。夢林曾於四十七年（一七○八）預修『漳浦縣志』，五十三年又修『漳州府志』，對於修志富有經驗。」方豪〈清代前期臺灣方志的編纂工作〉《台灣人文》二期，頁10。

〔註28〕 乘屋、插秧、穫稻、登場、賽戲、會飲、舂米、捕鹿、捕魚、採檳榔十幅。

開啓台灣原住民分類的先河，又依其所分類之原住民，以居處、飲食、衣飾、婚嫁、喪葬、器用六個項目加以敘述，影響所及，其後在纂修台灣方志的「番俗」篇時多抄自本書，如范咸《重修臺灣府志》、余文儀《續修臺灣府志》、王瑛曾《重修鳳山縣志》等皆是。

《番社采風圖考》是乾隆九至十二年（1744～1747）巡臺御史六十七之作，其所附錄的台灣原住民風俗圖，由於具有重要的圖片參用價值，現在業已由杜正勝對六十七《番社采風圖》諸帖的考訂做一系列的考證工作〔註29〕，有助於我們對《番社采風圖》中所要表現的具體內容和圖中繪工爲求精美，與史實不符之處，能有清楚的判別。

三、有關《裨海紀遊》的研究成果

除了楊雲萍和林衡道對郁永河個人作傳記性質的文章，另外有將《裨海紀遊》作爲文學創作的題材原型，以長短篇小說或報導文學的形式再創作的作品〔註30〕，不過，這些都不是專對《裨海紀遊》進行分析討論的著作，而其它以《裨海紀遊》一書爲研究對象的相關論述，則都是以期刊論文的形式發表。

吳新榮〈郁永河時代的臺南縣〉〔註31〕一文，簡單描述郁氏來台的緣由，和其自台灣府治出發，至離開諸羅山的經過大略，並引用郁氏竹枝詞，記述有關的植物和物產。費海璣〈裨海紀遊研究〉〔註32〕一文，反應康熙三十六年（1697）前後，台灣環境的惡劣；並將台灣和二百年前北美洲的相似處提出〔註33〕。另外，把郁氏煉硫的方法和宋應星《天工開物》做一比較；再簡述當時台灣的番社。

莊雅仲〈裨海紀遊：徘徊於自我與異己之間〉〔註34〕，在「自我」的陳

〔註29〕杜正勝一系列以〈《番社采風圖》題解——以臺灣歷史初期平埔族之社會文化爲中心〉爲題的文章，於大陸雜誌自 1998 年一月十五日至六月十五日，每月一篇，共分六期，予以介紹。
〔註30〕請參見本論文第七章〈有關《裨海紀遊》的文學意義及其發展〉。
〔註31〕吳新榮〈郁永河時代的臺南縣〉《南瀛文獻》一卷一期，頁 29～31。
〔註32〕費海璣〈裨海紀遊研究〉《書目季刊》六卷一期，頁 25～30。
〔註33〕此文寫於民國六十年（1971），因此二百年前的北美洲應爲 1771 年左右，費海璣認爲清初台灣環境中的野牛、麋鹿、巨蛇、螞蝗、猿、蚊蚋蒼蠅，與北美洲印地安人的遭遇相同。
〔註34〕莊雅仲〈裨海紀遊：徘徊於自我與異己之間〉《新史學》四卷三期，頁 59～79。

述方面，莊雅仲認爲郁氏試圖解決台灣定位及指涉錯亂的問題；而在「異己的形象」則郁氏雖對台灣的原住民有一種人道主義的關懷，但在這人性觀的另一面，郁氏是以文／野之分的文化觀構築出差異的鴻溝，而設計出一套效果更大的教化機制。這篇文章對於郁氏來台內心世界的狀態和轉折都其精闢的見解，也反應出清治台灣始終存在的矛盾心理。何素花〈清初旅臺文人之台灣社會觀察——以郁永河的『裨海紀遊』爲例〉〔註 35〕，剖析郁氏對台的看法〔註 36〕，文中更提出《裨海紀遊》的特殊觀點與值得爭議之處，指出郁氏對通事的看法，及其創作意識和詩作描寫，以及對鄭氏治台的客觀評價等提出作者個人的意見，對於了解《裨海紀遊》能有更多觸角的認識。

　　以上四篇皆爲期刊論文的發表，多半礙於篇幅的限制，對於《裨海紀遊》未能進行全面的討論和分析，造成了解和呈現《裨海紀遊》一書的價值有其侷限性，而本論文即在這些基礎研究上，朝向更爲完整的討論分析，期能一補論述上的空白。

〔註35〕 何素花〈清初旅臺文人之台灣社會觀察——以郁永河的『裨海紀遊』爲例〉《聯合學報》十三期，頁 283～322。

〔註36〕 特別是在台郡富庶吸引移民來台；台民、番人習性之重新評估；對番政的看法等方面。

第二章　清初台灣社會結構變遷

　　康熙二十二年（1683）清政府統治台灣的開始，台灣這塊土地在經歷荷蘭、西班牙、鄭氏等外來政權統治之後，取而代之的是清政府治理，在清初的整個台灣社會可以說是由官方、新移民、平埔族三部分所組成，而本章所論述有關台灣社會結構變遷，即是以這三個組成部分加以分析，有助益於了解郁氏於清政府統治台灣十餘年（1683～1697）後，他所呈現出當時的台灣社會真實狀況和對統治制度提出的質疑。

第一節　外來政權統治下的台灣社會

一、郁氏之前漢人所見之台澎

　　此處雖以「台澎」為名，是為了論述的方便，實際上，台、澎二地的發展方向一直以來就有差異，澎湖和中國大陸關係密切，相對地，台灣起初是緣於海洋貿易活動，才和外界產生聯結。論者以為「從明確的考古和文獻來看，台澎一體的關係從明末荷人據台時逐漸發展，到鄭成功時代才形成」〔註1〕，即是對台、澎二地向來被視為一體，而澎湖只是作為大陸到台灣的跳板的看法，提出質疑和說明。

（一）南宋和元代

　　文獻上關於台澎早期的記載，由於台灣的部分，分別主張「琉球論」和「台灣論」的學者們至今時有爭論，因此，此處擬以南宋記載之確定性為共識開端。據樓鑰〈敷文閣學士宣奉大夫致仕贈特進汪公行狀〉：「四月起，知

〔註 1〕張炎憲編《歷史、文化與台灣（二）——台灣研究研討會記錄（28～50 回）》，頁 272。

泉州，……郡實瀕海，中有沙洲數萬畝，號平湖。忽爲島夷號毗舍耶者奄至，
盡刈所種……初則每遇南風遣戍爲備，更迭勞擾。公即其地，造屋兩百間，
遣將分屯，軍民皆以爲便，不敢犯境」〔註2〕，此處平湖，是指今之澎湖，澎
湖在南宋初年正式納入中原版圖，在建制上隸屬於福建晉江縣管轄，由記載
上可知南宋在乾道年間，已在澎湖戍兵屯守，且有內陸住民移居澎湖從事農
墾。南宋・趙汝适於理宗寶慶元年（1225）寫成的《諸蕃志》記載「旁有毗
舍耶……語言不通、商販不及；袒裸盯睢，殆畜類也。泉有海島曰澎湖，隸
晉江縣；與其國密邇，煙火相望」〔註3〕，當時的毗舍耶（台灣）仍舊是充滿
神祕傳說的未知國度，與中國大陸缺乏接觸，以訛傳訛之下，台灣的原住民
竟被視爲「畜類」。

元代有關台澎的陳述原是與南宋《諸蕃志》沒有明顯的出入，元順宗時
脫脫等人所撰《宋史》，亦有「流求國，在泉州之東，有海島曰彭湖，煙火相
望……旁有毗舍邪國，語言不通，袒裸盯睢，殆非人類」〔註4〕的記載；馬端
臨所撰《文獻通考》亦稱「流球國，居海島，在泉州之東，有島曰彭湖，煙
火相望，水行五日而至……旁有毗舍耶國，語言不通，袒裸盯睢，殆非人類」
〔註5〕。直到至元五年（1349），汪大淵的《島夷志略》的問世，這本書在寫
作體例上是受《諸蕃志》的影響，但《島夷志略》的重要性遠遠超過以上所
述幾本，原因無它，作者汪大淵他所寫的記略，絕大部分是出自於他親身遊
歷，而不單單是耳聞記錄，因此他在敘述內容上能突破前作，可信度增加外，
也因此能有較多詳細的文字敘述，以澎湖爲例擇要摘錄：

> 氣候常暖。風俗樸野。人多眉壽。男女穿長布衫，系以土布。煮海
> 爲鹽，釀穄爲酒，采魚蝦螺蛤以佐食，薰牛糞以爨，魚膏爲油。地
> 產胡麻、綠豆。山羊之孳生數萬爲群，家以烙毛刻角爲記，晝夜不
> 收，各遂其生育。工商興販，以樂其利。〔註6〕

描寫澎湖地區的居民，過著定居的生活，衣食營生的動態，反應出島上生機
榮榮，這便是作者跳脫從「煙火相望」遠距離眺瞰，進一步近距離觀察了解
所得的結果。此外，《島夷志略》中最重要的陳述在於針對台灣，原住民不再

〔註2〕南宋・樓鑰《攻媿集》，頁813。
〔註3〕南宋・趙汝适《諸蕃志》，頁37～38。
〔註4〕元・《宋史》卷四九一，頁1。
〔註5〕元・馬端臨《文獻通考》，頁2569～2570。
〔註6〕元・汪大淵《島夷志略》，頁72。

被以「畜類」一詞的歧見誤導，台灣的原住民因「山平曠，田地少，不多種植。氣候倍熱。俗尚擄掠……地無出產，時常裹乾糧，棹小舟，過外番，伏荒山窮谷無人之境，遇捕魚採薪者，輒生擒以歸，鬻於他國，每人易金二兩重」〔註7〕，在這裡作者汪大淵誠然可貴的是，他能將原住民的強悍，藉由原住民他們的生存方式得到另一種詮釋。

（二）明代和荷治

明代和荷治時期的台澎，郁氏有言「澎湖於明時屬泉郡同安縣，漳泉人多聚漁於此，歲征漁課若干。嘉隆間，琉球踞之。明人小視其地，棄而不問。若臺灣之曾屬琉球與否，俱無可考。……迨萬曆間，復爲荷蘭人所有（荷蘭即今紅毛也）；建臺灣、赤嵌二城（臺灣城今呼安平城，赤嵌城今呼紅毛樓），考其歲爲天啓元年。二城髣髴西洋人所畫屋室圖，周廣不過十畝，意在駕火砲，防守水口而已；非有埤堄閭閻，如中國城郭，以居人民者也」〔註8〕，據此可知，明代澎湖隸屬福建同安縣管轄，漳泉地區的人多會至此捕魚，明政府則予以歲征漁課若干；至於台灣，由於明政府的忽視，無意經營，導致爾後荷人艦隊司令宋克，因懾於明政府軍隊強大，從澎湖撤走，卻把注意力轉向台灣，台灣也在明天啓四年（1624）輕易被荷蘭人〔註9〕奪占，自此台澎兩地改由不同的統治集團予以治理。

（三）鄭氏時期

荷蘭人在台灣的統治，因鄭成功產生變數，原本荷鄭雙方在海上貿易方面，既有共同的利益，又有競爭和矛盾，即潛在著發生衝突的可能性，但如果在國內國際間的衡量下，那麼鄭成功爲維護海商集團的利益倒是其次，主要目的仍是有朝一日從清政府手上奪回大陸政權，所以鄭氏對台灣的經營，大有效法越王勾踐生聚教訓之意，把大陸政治文教制度移植過來，欲將台灣開闢成一個理想的抗清基地。有關荷鄭之役，郁氏記載「鄭氏不安，又值京口敗歸，欲擇地爲休養計，始謀攻取臺灣，聯檣並進；紅毛嚴守大港（大港在鹿耳門之南，今

〔註7〕元·汪大淵《島夷志略》，頁118～119。

〔註8〕清·郁永河《裨海紀遊》，頁9。

〔註9〕在大員（安平）一帶建城，初名奧倫治城，後於1627年改名爲熱蘭遮城（神應讚美低海地），後以磚石改建，至1633年完工，做爲和中國貿易地點。同年，又在今台南市區，建立普羅民遮城（攝理）爲首府；又因此地原爲平埔族赤嵌社之地，把城寨通稱爲赤嵌樓。參見戴寶村《台灣的海洋歷史文化》，頁128和頁130。

已久淤，不通舟楫），以鹿耳門沙淺港曲，故弛其守，欲誘致之。成功戰艦不得入大港，視鹿耳門不守，遂命進師；紅毛方幸其必敗，適海水驟漲三丈餘，鄭氏無復膠沙之患，急攻二城。紅毛大恐，與戰又不勝，請悉收其類去」〔註10〕，在康熙元年（1662），鄭成功結束荷蘭人對台三十八年的治理。

鄭氏在台灣的情形，「成功之有臺灣，似有天助，於是更臺灣名承天府，設天興、萬年二州；又以廈門爲思明州，而自就臺灣城居焉。鄭氏所謂臺灣城，即今安平城也，與今郡治隔一海港，東西相望約十里許，雖與鯤身連，實則臺灣外沙，前此紅毛與鄭氏皆身居之者；誠以海口爲重，而緩急於舟爲便耳」〔註11〕，鄭氏治台時期，設安撫司，持法嚴明。但既然台灣是鄭氏視爲其取得大陸政權的踏板，海峽兩岸的局勢便是時刻緊張，後來歷史形勢的發展演變，從鄭經再次退守台灣之後，海峽兩岸的情勢已明顯有利於清方。

二、官方對台棄守的爭論

清康熙二十二至二十三年（1683～1684）因納台爭議，發生長達數個月的爭執，清王朝對於台灣這個新納入版圖的土地要怎樣處理，缺乏明朗的方針。康熙自己並沒有明確的想法，主要因進取台灣戰事的順利，對他而言是個意外之喜〔註12〕，曹氏以爲「清廷攻臺目的在於消滅臺灣之抗清復明力量，本無領有臺灣之意」〔註13〕；再者，當時清政府在財政上有困難〔註14〕，恐

〔註10〕 清·郁永河《裨海紀遊》，頁9～10。

〔註11〕 清·郁永河《裨海紀遊》，頁10。

〔註12〕 鄭克塽率眾薙髮稱臣的消息傳至北京時，康熙撰詩〈中秋日聞海上捷音〉一首，從其所撰之詩句中，表示原是「柔遠初非黷武功」，卻致「羽林奏捷月明中」的結果，反應他對戰事順利的驚喜；且「海隅久念蒼生困，耕業從今九壤同」中，顯露他並未思考臺灣的「耕業」問題；因爲，被「困」的「海隅」，應以實施遷界的東南沿海地區爲主，迨造成被「困」的因素解除後，被遷異的地區即可恢復平常的狀態，這也可以作爲康熙日後力主實施展界的註角。參見湯熙勇〈論清康熙時期的納臺爭議與臺灣的開發政策〉《臺北文獻》一一四期，頁27。

〔註13〕 曹永和《臺灣早期歷史研究》，頁24。

〔註14〕 清廷的財政困難，自順治時期即已存在，當時全國的收入尚不足以應付各地軍事支出，在順治末年，以裁兵來改善兵餉的不足。至康熙時期，財政拮据的問題依然存在，如康熙十九年（1680）十月，康熙爲節省糧儲，飭令清查裁減京城內之匠役；康熙二十年（1681），清政府平定了三藩，二年之後，鄭氏歸降，這兩項相關的軍費支出，爲清政府帶來了沈重的財政負擔。參見湯熙勇〈論清康熙時期的納臺爭議與臺灣的開發政策〉《臺北文獻》一一四期，頁30～31。

怕台灣會成為福建地方或清政府的財政負擔。所以朝議中康熙乃徵詢官員們的意見，因此對台灣出現棄守兩種看法，在當時持棄之論以李光地，持守之見則以負責攻台的姚啓聖和施琅，最為重要。

　　大學士李光地持反對守台的態度最烈，他認為台灣有「重洋之險，守則必設重戍，設重戍而固業其子孫，一旦瀕海有警，隱然有夜郎自大之勢」，他甚至於主張「乘國威遠播，丐其地與紅毛，而令世守輸貢，似尤永逸長安之道」，要把台灣送給荷蘭。李光地他不是說台灣孤懸海外，容易變成賊藪，便是說這地方一點也沒有建設，所以只要扼守澎湖做為東南的藩籬，從前移住台灣的人可以使他們全部回歸原籍就好了，而台灣則可以置於諸版圖之外。

　　姚啓聖和施琅持台之論主要基於兩項理由〔註15〕，一是軍事上的原因，「今幸克取台灣矣，若棄而不守，勢必仍作賊巢，曠日持久之後，萬一蔓延再鄭賊者，不又大費天心乎？」〔註16〕，言下之意是明台灣之作為賊巢，與剿守之勢兩者相互因果；於是乎放棄台灣是「種禍後來，沿海諸省，斷難晏然無慮」〔註17〕，倒不如將台灣當做是東南各省的藩籬來得妥當。一是經濟上的理由，姚啓聖認為「台灣廣土眾民，戶口十數萬，歲出錢糧似乎足資一鎮一縣之用，亦不必多費國帑」〔註18〕，指出台灣這塊土地自給自足，清政府不用額外撥款，或擔心財政上的支出，施琅更是積極推薦這塊「肥饒之區」，他說：「親歷其地，備見野沃土膏，物產利薄，耕桑並耦，魚鹽滋生，滿山皆屬茂樹，遍處俱植修竹。硫磺、水籐、糖蔗、鹿皮，以及一切日用之需，無所不有」〔註19〕，施琅他進一步細說台灣的物產，藉由這些豐富資源，足證台灣本具開發潛力，或許反而能夠替清政府增加財政上的收入。姚啓聖和施琅他們倆對上位者先以利誘之，無非就是為了達到他們的既已廣輿圖而大一統，就不該輕言棄置台灣的終極訴求。

〔註15〕除了軍事和經濟的兩項理由，另外，由於王朝君臣間的論功行賞慣例，因此，不可排除姚啓聖和施琅二人的私心作祟，因為如果棄置台灣，則二人攻伐台灣的功勞便明顯地降低，對二人的利益將有所減損。

〔註16〕廈門大學台灣研究所、中國第一歷史檔案館編輯部編《康熙統一台灣檔案史料選輯》，頁301。

〔註17〕清·施琅《靖海紀事》，頁61。

〔註18〕廈門大學台灣研究所、中國第一歷史檔案館編輯部編《康熙統一台灣檔案史料選輯》，頁301。

〔註19〕清·施琅《靖海紀事》，頁60。

三、康熙時期治台之策

（一）職官吏治

康熙二十三年（1684）四月，「改偽承天府爲臺灣府，偽天興州爲諸羅縣〔註20〕，分偽萬年州爲臺灣〔註21〕、鳳山〔註22〕二縣」〔註23〕，劃台灣爲一府三縣，隸屬於福建省。計這年清政府在台灣所設文職有〔註24〕：（1）「分巡臺廈兵備道」，爲建省以前台灣地方最高長官，兼管廈門與台灣地區。（2）「臺灣府知府」，康熙二十三年置，領諸屬縣，宣布政教，決訟檢姦；下尚設有「臺灣海防同知」，隸臺灣府，駐府治。（3）知縣，置臺灣、鳳山、諸羅三知縣；縣下設縣丞、巡檢，置有臺灣縣丞，新港、澎湖、下淡水、佳里興四巡檢。武官方面，則置臺灣總兵，並設安平、澎湖副將，統兵萬人，分別鎮守澎湖、安平兩地。

清初治台職官的派任，根據李國祁等用統計方法分析四三四種中國地方志，發覺清朝二百六十八年間，其基層地方職官，漢人出任者遠多於旗人。而且，兩者差距正與職官大小成反比，職官愈小，漢人出任者愈多；職官愈大，則由旗人出任者多。進一步，李國祁等對此現象做出分析，基層地方官職小位卑，清政府較能安心讓與漢人擔任；另外地方官吏職位親民，用漢人較易取信於民，何況漢人事務，漢人較能熟悉，較易處理，故低層官職多用漢人，依此理論就官吏中旗籍所佔比例觀，清初治台尤其倚重以漢制漢政策〔註

〔註20〕 「諸羅縣居其北，攝番社新港、加溜灣、毆王、麻豆等二百八社外，另有蛤仔難等三十六社，雖非野番，不輸貢賦，難以悉載。自臺灣縣分界而北，至西北隅，轉至東北隅大雞籠社大海，袤二千三百十五里。」清‧郁永河《裨海紀遊》，頁11。

〔註21〕 「臺灣縣即府治，東西廣五十里，南北袤四十里，鎮、道、府、廳暨諸、鳳兩縣衙署、學官、市廛及內地寄籍民居多焉。而澎湖諸島澳，亦在所轄。」清‧郁永河《裨海紀遊》，頁11。

〔註22〕 「鳳山縣居其南，自臺灣縣分界而南，至沙馬磯大海，袤四百九十五里；自海岸而東，至山下打狗仔港，廣五十里。攝土番十一社，曰：上淡水、下淡水、力力、茄藤、放索、大澤磯、啞猴、荅樓，以上平地八社，輸賦應徭；曰：茄洛堂、浪嶠、卑馬南，三社在山中，惟輸賦，不應徭；另有傀儡番並山中野番，皆無社名。」清‧郁永河《裨海紀遊》，頁11。

〔註23〕 清‧郁永河《裨海紀遊》，頁11。

〔註24〕 參見林衡道主編《臺灣史》，頁259～266。

〔註25〕 參見李國祁、周天生、許弘義《清代基層地方官人事嬗遞現象之量化分析（第一冊）》，頁22～26。

25〉。在此一基礎上，楊熙則對日後造成的影響再加以解釋，楊熙認爲清政府派任渡台官吏，向以漢人爲主，在康熙年間，旗籍赴台任職者絕少，而清政府之所以如此，緣於台灣地方初闢，居台漢族都是鄭氏遺民，也因爲滿人大都不習水戰，難任海防職責。其實漢員不識水性也畏渡台任官，唯因王命難違，只好勉強赴任，但即使渡台順利，能否重返故鄉仍常使赴台任職的官吏煩惱憂忌。海峽難渡，影響遴選官吏，也影響及清政府治台態度，甚至減緩了清代台灣的開發速度〔註26〕。

　　清政府治台的態度，在吏治上所反應出的結果，康熙二十三年至二十六年（1684～1687）間由吏部派遣的初任官員，經過嚴格選拔，大都是能吏或賢官，尤其列入名宦的即有臺灣知府蔣毓英、臺灣縣知縣沈朝聘、諸羅縣知縣季麒光、鳳山縣知縣楊芳聲及鳳山縣儒學教諭黃賜英等，但這個部選任官制度，到了康熙三十年（1691）卻有了改變，「臺灣各官自道員以下、教職以上，俱照南寧等府之例；將品級相當現任官員內揀選調補；三年俸滿，即陞」〔註27〕，所形成的影響，以康熙三十五年（1696）臺灣縣知縣李中素跋《高志》〔註28〕爲例略云：

> 前之官此者，震於其名，自奉調趣裝，大吏戒其僚屬、父兄教其子弟，無不以謙和簡易爲訓。受教者不知謙和簡易固自有道，乃循名失實，惟一切務爲苟且姑息；率僶行俛首，以俟瓜期之及；疾去不少顧。官此者奉爲祕諦，轉相傳授，堅不可破。間有稍自樹立，則群譁指爲異物，得禍且不測；以致驕者益縱；而弱者益不振。

清政府是以邊陲地區的心態對待台灣，防台之心重於治台之意，官吏三年一任，俸滿隨即調陞，不用再負荷治台之責，自此，吏治每下愈況，被派駐的官吏們深知其理，於是各懷鬼胎，收取陋規，如果稍微有心施爲者，還反被視爲異類，台灣吏治之嚴重敗壞可想而知。

（二）班兵制度

　　對台駐軍方面的措施，施琅和李光地又有相左的意見。施琅他主張負責防守的總兵、副將、參將、遊擊等官三年或二年後轉陞內地，而將八千人永

〔註26〕參見楊熙《清代臺灣：政策與社會變遷》，頁40～42。
〔註27〕參見張明雄〈康熙年間清廷治臺政策及其檢討〉《臺北文獻》四十七期，頁45。
〔註28〕清・高拱乾《臺灣府志》，頁297～298。

戍台灣、二千人永戍澎湖一事〔註 29〕，李光地持反對態度，他認為，如果讓這一萬名士兵孤身去台澎，則這一萬人形同流犯，難以安之若素，但讓他們攜帶家眷，則又將使他們「一無所係戀於內地」，在台必無所顧忌；且兵不換而換將，必將造成兵為主而將反為客之勢，久之，「弁髦其將，而加之以不堪，且繼之以叛據矣」。最後，李光地他所提議的戍兵三年一換，輪流戍台，由於符合清政府防台的心理，自然能輕易得到康熙的贊同，這就是台灣的班兵制度。

當時所實行的班兵制度，是決定不在台灣地區募兵，並且規定駐軍三年輪調。人員乃由對岸福建省各縣調來，且配合清政府「以夷制夷」的伎倆運用，當局規定漳兵不准駐漳人村，泉兵不得駐泉人庄，並把漳泉兵分散在各府兵之中，以免發生糾紛，利用漳泉兩者對立的情感，將分類械鬥帶來台灣，把中國同姓同鄉團結對立抗爭矛盾，用來鎮壓動亂。而從福建抽調原有額兵來台灣，三年一換，如有缺額也不得在台灣募補，所以台灣兵丁都是從福建來的，其中漳泉兵大約占一半。加上清政府對班兵待遇不好，收入微薄使他們感到生活困難，於是包娼開賭、橫行不法之事滋生，形成台灣社會治安上一大隱患。

第二節　新移民社會

一、漢人海洋移民的背景

（一）東洋針路的開拓

明清海洋移民到台灣，是屬於東洋航路移民，而東洋針路是指「從福建的港口放洋，向東南經過澎湖，到大約現在的安平海面，再沿台灣西南岸南下，到台灣的貓鼻頭，再望紅豆嶼、浮甲山，而後經筆架山到呂宋島卡迦揚的阿巴里，再沿呂宋島南下的至民答那峨島，或轉東抵摩鹿加（Moluca）諸島，或取西經蘇祿（Sulu）列島而抵婆羅洲，或經呂宋經過巴拉望（Palawan）島抵婆羅洲的文萊之路線」〔註 30〕。

〔註 29〕 施琅以為守臺灣則所以固澎湖，具體做法上提出「臺灣設總兵一員、水師副
　　　　 將一員、陸師參將一員，兵八千名；澎湖設水師副將一員，兵二千名。通共
　　　　 計兵一萬名，足以固守」的構想。清·施琅《靖海紀事》，頁 61。
〔註 30〕 曾少聰《東洋航路移民──明清海洋移民台灣與菲律賓的比較研究》，頁 47。

曹永和認爲東洋針路的開拓，與國人往來台灣甚具密切關係，筆者將其看法略述如下：（1）漢人開拓澎湖，成爲漁業根據地以後，其捕撈的範圍，自不限於福建、澎湖間的海域；越此界而拓展至澎湖、台灣間的海面，嗣後順次擴張至台灣西南部的沿岸乃爲極自然之事。（2）台灣西南沿岸，因有寒、暖流之關係，爲極優良的沿岸漁業區。自澎湖，漁人將其活動擴展至台灣西海岸時，此一地區成爲主要漁場之一爲極自然的事。現時烏魚旋網漁業爲台灣西南部沿岸漁業之一大宗。考其起源甚早，在明季已甚興旺。烏魚有成群洄游之特性，而追尋洄游魚類的蹤跡，往往爲漁民發見航路和遷徙移動之動因。東洋針路的自澎湖至安平附近，南折至台灣南端之一部份，恰與烏魚的洄游路線相符，而據記載此一段路程正是明末大陸沿海漁戶到台灣捕撈烏魚的航線。因此，我們雖不能確定是烏魚漁業，但從這事例，可推測；南宋以後，如自澎湖進至台灣西南沿岸，開拓新漁區時，其與東洋針路當有密切關係，似無疑。（3）在台灣東部沿岸至台灣西南部一帶，由先史時代遺跡之所示，有其共通的特徵。可能爲直接經巴士海峽之來自南方之文化。自菲律賓經巴丹諸島至台灣的民族移徙，可能這些漁撈民族先因偶然的漂流，後因小島嶼之人口過剩，乘暖流，向北開拓其新漁場。〔註31〕

（二）東南沿海經濟趨勢發展

楊國楨等曾做過剖析，認爲自明中後期東南沿海社會因（1）中外歷史發展趨勢的整體推動，從純經濟的角度看，國內與國外的雙重需求有其共通性。（2）東南沿海商品經濟的特殊性，如絲、茶、瓷器等以其海外市場的高利潤與強適應性，促進了商品經濟的海洋延伸。（3）社會價值觀念的變遷，在人們重利經商的觀念和悖逾禮制浪潮的驅使下，使明前期以專制權威爲動力的狹隘海洋活動轉爲以追利逐益爲動力的民間海洋活動。（4）海貿政策的鬆動，在現實運作上使明清海外貿易走上更踏實開放的民間化、社會化的道路。（5）人口游離因素，特別是閩、粵，「襟山帶海，田不足耕，非市舶無以助衣食」，向海求生，從事航海商漁，便是主要的出路。（6）海亂及政治——社會因應，明中後期海亂是日後海島與海洋文化起升的一個機緣；海島、海洋地位的提高與海洋文化的趨重爲海洋社會經濟的發展開闢了傳統歷史文化主流系統之外的回旋空間，從而增強了社會精神對於海洋的體認。以上種種社會潛在因

素，促使沿海民間社會向海洋發展形成潮流，沿海這一陸海交叉地帶的「大陸—海岸型」社會開始從內陸主流體系向海洋文化體系傾斜；防禁不逮與西方海洋勢力衝擊更為中國的海洋發展創就了歷史性、世界性的契機。〔註 32〕

　　大陸的東南沿海地區，其實主要就是閩、粵兩省，對台灣移民是一股推力，「近者海內恆苦貧，斗米百錢，民多飢色；賈人賣負聲，日沸閭閻」〔註 33〕，在福建、廣東地區，因為農村人口經營種類和方式的多樣化、土地的兼併、族田和僧田的增多等等現實壓力，許多農民出於自願或被迫地改變他們原來所從事的職業，轉向非農業生產的職業，在這其中許多人轉向商業活動；也有人移居外地，尋求耕地以繼續從事其農業活動，或改行從商。

　　溫振華〈清代臺灣漢人的企業精神〉〔註 34〕一文中，認為台灣這個新移民社會，從土地的開墾、水利的投資、經濟作物的種植以及商業的發達，反映出台灣漢人濃厚的謀利冒險精神；十六世紀以後的閩南社會，在強大的內力（社會經濟條件惡化）的推動下與外力（海外貿易）的誘引下，一種冒險與謀利的精神逐漸普遍成長。隨著閩南移民台灣，這種「企業精神」〔註 35〕，在台灣這塊新天地得以繼續發展，而成為台灣漢人社會一種普遍的新特質；他也提到一種精神或一種性格的形成，是人對環境的長久反應而產生的，明末，閩粵一帶的功利冒險精神，可能較當時沿海其他地區顯著些，但是，若無一新天地讓其繼續發揚，這種精神有其侷限性的，是會萎縮消退的，閩粵移民在南洋與台灣的發展，為環境與此種精神發揮的結果。

二、新移民社會的重要組成份子

　　所謂的新移民社會組成分子，指的是原鄭氏遺民，加上自大陸地區來台的新移民者兩者組合。康熙二十二年（1683）施琅領兵平定台灣之後，鄭氏「文武官員、丁卒與各省難民相率還籍，近有其半」〔註 36〕，導致「人去業荒」〔註 37〕的現象。於是清政府在統一台灣的第二年便開放海禁，這一段時

〔註 32〕參見楊國楨、鄭甫弘、孫謙《明清中國沿海社會與海外移民》，頁 16～21。
〔註 33〕清・郁永河《裨海紀遊》，頁 30。
〔註 34〕參見中華文化復興運動推行委員會《近代歷史上的臺灣》，頁 347～382。
〔註 35〕「要給企業精神下定義甚難，本文中所謂的企業精神，以其最重要的兩個要素為主，即謀利精神與冒險精神。」中華文化復興運動推行委員會《近代歷史上的臺灣》，頁 347。
〔註 36〕清・施琅《靖海紀事》，頁 67。
〔註 37〕清・施琅《靖海紀事》，頁 67。

間裡，台灣地方官員注意招徠大陸流民前去開發，出現了漳泉一帶的居民或所謂的游民渡台為求發展的盛況。

（一）清政府消納鄭氏遺民

清政府對於鄭氏遺民的態度和政策，不是消滅，而是消納。這和施琅的主張有極大的關係，施琅曾為鄭氏舊臣的施琅，與一般遺民一樣，都來自閩南泉、漳地區，他非常清楚這些鄉親的需要，所以主張不勞民，不擾民，與民休息，施琅於康熙二十二年（1683）八月二十二日公布〈諭臺灣安民生示〉〔註38〕，聲明嚴禁官兵擾民，呼籲遺民不論採樵、搬運、市集、出入港澳，均聽民便。申稱地方初定，賦稅什役，除部份供鄭氏稅課者外，一概全免。並且承諾，台灣去留尚待候旨，如果議留，台灣地區賦稅當奏請從輕酌定；至於官兵人民要居留、要返鄉，可各依其志願，自行決定。二十九日，施琅再公布〈嚴禁犒師示〉〔註39〕，重申嚴禁官兵擾民之誠意，並指出鄉社保甲長派辦勞軍就是擾民；特別聲明，凡鄉社各保甲長如有敢藉端派辦犒師經費的，只要舉證確鑿，立即嚴拿究辦。施琅不僅如上所述，在頒布的告示中明白申稱「政期綏安，痛誡煩擾」〔註40〕，另外，在〈恭陳臺灣棄留疏〉〔註41〕及〈移動不如安靜疏〉〔註42〕中，施琅皆一再提出這種主張。

所以清政府運用了安撫、招徠、教化三種撫治手段，藉安撫以化解鄭氏遺民對清政府的敵意；藉招徠大陸地區新移民者以沖淡台灣社會的遺民性質；同時，藉設立學校實施教化，使遺民在意識上增加對清政府的向心力。透過這三種手段的綜合運用，從台灣遺民社會逐漸轉變成較能接納清政府統治的新移民社會。

（二）羅漢腳

直到康熙五十七年（1718），清政府卻在政治和經濟因素影響下，做出了禁止偷渡台灣的規定，成為一個長期的政策。清政府之所以要採取禁止渡台和出洋的政策，在政治上，是為了防止人民脫離政府的控制，成為沿海和邊疆的憂患，清政府不僅認為前往台灣的移民大半是游民和奸民，根本上認定

〔註38〕參見清・施琅《靖海紀事》，頁53～55。
〔註39〕參見清・施琅《靖海紀事》，頁55。
〔註40〕清・施琅《靖海紀事》，頁55。
〔註41〕參見清・施琅《靖海紀事》，頁59～62。
〔註42〕參見清・施琅《靖海紀事》，頁63～65。

這群離開自己家鄉至台者，多數是不安本分，甚或原來是屬盜賊、奸細、棄民和邊蠹之類。而在經濟上，清政府為了把農民固定在土地上，以保護政府的租賦。

　　清代台灣整個的移民歷史上，因移民而在當時台灣社會產生一個重要階層——「羅漢腳」。清代台灣由於「羅漢腳」角色的存在，最足以反映當時政治和社會狀況。羅漢腳即是一般所謂的「游民」，指的是沒有工作或無固定職業的單身漢，沒有田產、沒有妻子、沒有固定住所，游食四方。道光十三年（1833）陳盛韶於鹿港廳同知任內完成了《問俗錄》一書中對羅漢腳有專門的描述：「在台灣，沒有田宅、妻子，不是讀書人也不是農人，不是工人也不是商人，不被雇用者俗稱為『羅漢腳』。羅漢腳參與嫖妓、賭博、竊盜、械鬥等做盡一切壞事。為何稱他們為羅漢腳呢？因為他們都是獨身、整天遊盪乞食，結黨結派，衣衫襤褸。在大城市中人數約有數百人，在小城鎮中也有數十人，這就是台灣不易大治的原因」〔註43〕，羅漢腳他們多是來自閩粵兩省手無技藝的失業者和半失業者，也有的是由於天災人禍而失業的本地游民，這種人在清初台灣社會中占有相當大的比重，據「估計最多的時候大約占人口的百分之二十至百分之三十」〔註44〕，這群在政治上屬於游離分子的「羅漢腳」；同時也是一個充滿疑懼和不安的社會的導火線，「由於羅漢腳的活動頻繁，加以移民社會的匿名性高，因而往往得以出現於不同的團體中，許多閩粵或漳泉間的小衝突，常因羅漢腳的介入而擴大」〔註45〕。游民本身又不事生產，依靠乞討或強乞為生，還經常偷竊、搶劫，煽動械鬥，從中搶掠破壞，對台灣的社會生活和社會治安都起了負面作用。

三、早期新移民社會的特點

　　綜觀清政府治台時間，由於客觀情勢的需要，對渡台限制有過多次的更改，時張時弛，但實際上移民很多，渡台的日眾，早已不是禁令所能控制。人既是群居的動物，況且是共同面對台灣這樣生疏的環境，新移民群體的聚合是必然的，而在這過程中新移民社會結構上有兩個明顯的組合方式，有職業群體和祖籍群體兩項，且二者在時間上有前後之差，移民之初為生存合作，

〔註43〕 清・陳盛韶《問俗錄》，頁 175。
〔註44〕 陳孔立，清代台灣移民社會研究，廈門大學出版社，一九九〇年版，頁 110
　　　　 ～111。
〔註45〕 陳亦榮《清代漢人在臺灣地區遷徙之研究》，頁 57。

沒有多餘力量打架，時間一久，彼此成為資源競爭對手，而有了由於祖籍之別所產生的群體和械鬥，這是後來才有的現象，是因爭奪資源才比較激烈，實際上，在郁氏來台之時，民變械鬥並不頻繁：

（一）職業群體的形成

新移民社會除少數是鄭氏遺民之外，多數居民是從中國大陸陸續遷移過來的移民，漢人為生計而移民，主要從事農業、漁業和商業，久之，他們自然會以職業關係為基礎逐漸形成聚落。關於這些職業群體之所以形成，一則由於生產上的需要，如開墾荒地、興修水利等工作，必須要依靠團體的力量完成；再者，漢人移民初到台灣，人地生疏，生活上可能遭遇到各種各樣的困難，為了共同抗拒惡劣的自然環境，甚或原住民非預警的出草等等威脅，最可能互相幫助的就是同來的伙伴；另外，遠離故鄉移民來台，在精神上因思鄉或拓墾成敗所產生的痛苦和壓力，也需要得到同情和鼓勵，在相互需求的背景下，移民們彼此經過一段時日的相處，自然而然形成了初級的社會群體。但游民們是例外份子，他們不事生產，依靠乞討或強乞為生，還經常偷竊、搶劫，煽動械鬥，從中搶掠破壞，反倒是對台灣的社會生活和社會治安起了負面作用，游民個人本身便是不安定的因素。

（二）祖籍群體的形成

在社會結構上，移民基本上也按照不同祖籍進行組合，形成各自的社會群體，清代移民的祖籍分布，「漢移民分百之九十八以上來自閩、粵兩省。將近百分之四十五來自泉州，百分之三十五來自漳州，百分之一來自汀州，百分之二來自福州、永春、龍巖、興化等福建省轄下其他府區。另外還有百分之十五點六來自廣東省的嘉應、惠州和潮州三府」〔註46〕，所以移民在生產方式、生活方式上也與閩粵基本相同。台灣在整個清政府政權的結構上，官府的力量比較薄弱，無力進行有效的統治，台灣商人他們沒有政治的憑藉，因此起落無常，在沒有一強有力足以令人信服的共同對象出現，又為了維持社會公平使民眾心服的情況下，廣大農村主要依靠豪強進行管理，此時很容易地中國大陸地區的鄉族勢力的劃分，就直接移植到台灣，形成以祖籍為主的群體，過去在中國大陸地區祖籍群體間的不睦，轉換至台灣這個新的戰場來，也埋下居民間難以和平安定的種子。

〔註46〕尹章義〈台灣開發史的階段論和類型論〉《漢聲》十九期，頁89。

第三節　平埔族社會

一、治民制度

（一）土官制度

土官制度在中國由來以久，元、明、清於西北、西南地區設置的「土司」，即是由少數民族首領充任並世襲的官職，這是大陸政權統治者對少數民族管理的一貫方式；而到台灣，即是所謂的「土官」，是鄭氏、清政府所使用的名目，這些都只是在名稱上的差異，在實質上角色扮演的意義是相同的。

荷人在與平埔族訂立的協約（即平埔族的降書）中，都規定各社必須聽命於荷蘭長官從長老中選出的首領。試以荷人與麻豆社訂立的協約為例，在共七條協約中，其第三條規定「為期萬事順利起見，對於四首領（希望長官從我等長老中選任其二倍之數）之命令，悉為聽從。……遇有發生顯著事件時，我等首領及村中長老等，在此集合而作協議」〔註 47〕，平埔族的長老會議，原來並沒有首領；荷人大概是為了傳遞命令及召集開會方便，才設置首領，不過，這首領在長老會議中沒有突出的權柄，似僅可謂長老會議的代表而已。

然而，平埔族的長老會議，到了鄭氏、清政府時期，逐漸衰微，而首領則改稱為土官、土目或頭目。《蔣志》「土官有正、副，大社多至數人，小社或二、三人、五、六人，隨其交派，各分公廨。有事，即集於廨以聽議」〔註 48〕；《高志》記載「土官有正、有副，大社至五、六人，小社亦三、四人。隨其支派，各分公廨。有事咸集於廨以聽議」〔註 49〕，可知土官有正、副之分，且人數依番社大小而有所增減，但基本上仍是屬於開會代表的性質，事實上，這樣的土官沒有實際的權威，也無特殊地位。

（二）贌〔註 50〕社制度

「贌社亦起自荷蘭，就官承餉曰社商，亦曰頭家」〔註 51〕，取得贌社權的商人稱做「社商」，亦曰「頭家」，他們都是當地有財力的中國人或荷蘭人，

〔註 47〕村上直次郎《巴達維亞城日記（第一冊）》，頁 151。

〔註 48〕清・蔣毓英《臺灣府志》，頁 60。

〔註 49〕清・高拱乾《臺灣府志》，頁 189。

〔註 50〕「清代臺灣涉及物權的作為中，出現在私文書的，經常有『贌』這個字眼。此一字眼其實是從荷蘭文『pacht』這個字來的，大概的意思『包辦』或『承包』。」陳國棟《臺灣的山海經驗》，頁 393。

〔註 51〕清・周鍾瑄《諸羅縣志》，頁 168。

方能「就官承餉」。在《巴達維亞城日記》1644年十二月條云：

> 爲增加公司收入，及實現地方議會時對各村落頭人之諾言起見，決
> 定在主要各村落、笨港（Ponckan）河及南部全體，在一定條件之下，
> 令中國人或荷蘭人（非公司使用人）之最高標價者包攬商業。〔註52〕

荷蘭人治台之後，爲了控制漢族商人與原住民們的直接貿易，實行贌社制度，荷蘭人在強徵平埔族各村社一定數額的稅金時，由商人承包，也保證包稅商人壟斷平埔族的生計，這叫做「贌社」。而凡是要進行貿易的漢族商人，必須提出申請，經過投標中選者才能進行村社貿易，並向荷蘭人繳納承包稅金，這種商人稱爲「社商」，一般來說，能中標承包者都是比較大的商人，小商小販活動於各個角落，爲漢族移民和荷蘭人提供日常用品和食品。

杜氏以爲荷蘭治台主要目的在攫取經濟利益，並不關心平埔族的生活，採用贌的剝削方式對公司而言最爲方便，但卻苦了平埔族。村社之稅負既以銀錢標價，由於平埔族仍然停留在以物易物的自然經濟，不知使用貨幣，遂提供有財力的中國人或荷蘭人另一剝削的機會。爾後，荷蘭勢力雖退出台灣，只剩中國人壟斷社商，平埔族受到的壓迫並無絲毫改變〔註53〕。

（三）通事制度

通事指通譯的工作，就是一般所謂的翻譯人員，例如：《新五代史・晉本紀第九》「丙寅，契丹使通事劉胤來」〔註54〕；《官場現形記》第五十二回「那個買礦的洋人又來了，後頭還跟著一位通事」〔註55〕，藉由其語言長才幫助需要的雙方達到溝通的目的，就是通事的工作性質。

清治台灣設立通事，肯定其存在的必要，「按番社之餉，責成於通事，猶民戶之糧責成於里甲也。然民戶可自封投櫃，而土番性既頑蠢，不知書數，行以自封投櫃之法，勢必不能。故民戶之里甲可除，而番社之通事不可去也」〔註56〕，其職責原在於傳達官府政令，做爲統治者和社眾之間意見溝通的橋樑，兼帶誘導教化之責。換言之，即清政府派駐在番社的代理人，職位頗低，平常在「社中擇公所爲舍，環堵編竹，敝其前，曰公廨（或名社寮）。通事居之，以辦差遣」

〔註52〕村上直次郎《巴達維亞城日記（第二冊）》，頁423。
〔註53〕參見杜正勝《番社采風圖》題解——以臺灣歷史初期平埔族之社會文化爲中心（五）《大陸雜誌》九十六卷五期，頁12。
〔註54〕宋・歐陽修《新五代史》，頁2。
〔註55〕清・李寶嘉《官場現形記》，頁490～491。
〔註56〕清・周鍾瑄《諸羅縣志》，頁102～103。

〔註57〕。可惜的是，清政府舉用通事也知以通曉異語、熟悉社務、爲人誠實爲要件，但實際執行時，除形式上維持直接統治的外貌外，其餘完全走樣；所舉用的通事，不僅爲人誠實談不上，而且良善者甚少，常視社眾可欺，不善書算，乃藉機腋削，苛使差役，掌握掣肘土目的威勢，胡作妄爲。

社商制度雖在康熙五十五年（1716）革除，但與社商共生的通事卻仍然存在。通事之控制平埔村社早在社商制度終止之前，康熙五十二年（1713）馮協一任臺灣知府，其幕僚清客吳桭臣隨之來台，所著〈閩遊偶記〉記述通事「土皇帝」惡行，曰：

> 通事一到社中，番戶皆來謁見，餽送；隨到各家細查人口、田地並牛羊豬犬雞鵝等物，悉登細帳。至秋收時，除糧食食用之外，餘與通事平分；冬時，畋獵所獲野獸如豹皮、鹿皮、鹿茸、鹿角之類，通事得大分。即雞鵝所生之蛋，亦必記事分得。社中諸事，無不在其掌握。甚至夜間欲令婦女伴宿，無敢違者。更有各衙門花紅、紙張，私派雜項等費。〔註58〕

較之社商如此不堪，通事的爲害更是有過之而無不及，關於通事，清政府原初立意良好，然而權力腐化良心是具殺傷力的。黃叔璥曾說：「社番不通漢語，納餉辦差皆通事爲之承理。而奸棍以番爲可欺，視其所有不異己物，藉事開銷，腋削無厭；呼男婦孩稚供役，直如奴隸，甚至略賣；或納番女爲妻妾，以至番民老而無妻，各社戶口日就衰微」〔註59〕，「尤可異者，縣官到任，有更換通事名色，繳費或百兩、或數十兩不等；設一年數易其官，通事亦數易其人，此種費用名爲通事所出，其實仍在社中償補。當官既經繳費，到社任意攫奪，豈復能鈐管約束！」〔註60〕通事後來竟搖身一變成了番社的實際統治者。

二、有關土地和賦役

（一）土地開墾

在《東印度事務報告》1655 年有一則說得最透徹，報告說，爲促進福爾摩莎中國人的殖民地發展，雖不給予耕地永久的所有權和世襲繼承權，但得

〔註57〕 清・周鍾瑄《諸羅縣志》，頁 159。
〔註58〕 清・諸家著《臺灣輿地彙鈔》，頁 22。
〔註59〕 清・黃叔璥《臺海使槎錄》，頁 170。
〔註60〕 清・黃叔璥《臺海使槎錄》，頁 170。

讓他們在一定條件下租佃，少收租金，使農民視佃田爲財產，將必更勤勞地改良土地。儘管新港社和蕭壠社的居民認爲土地原歸他們所有，但荷蘭人認爲他們沒有足夠的理由。因爲社衆他們從未表示過有意耕種，對於荒地向來是置之不理。這些人懶散，不願勞動，而中國人則相反，他們是一個勤勞的民族，東印度公司在台灣的事業很大程度上是靠他們的勤勞才繁榮起來的。所以《巴達維亞城日記》所記錄台灣米糖出口額的增加，即是中國人佃耕面積的擴大，也是平埔族日益淪落的寫照。〔註61〕

　　荷治時代，台灣開拓的範圍主要在赤崁及四大番社〔註62〕，也就是台南附近；至於捕鹿區，則多在今天的嘉義、彰化之間。鄭氏時期也以台南爲中心，拓展到鳳山、嘉義一帶。清初，漢人活動的區域，除了府縣轄境一百里外，其餘在南北地區的農地開發有限，諸羅、鳳山二縣僅有其名，且其知縣多居住在府城。根據《高志》〔註63〕記載，當時純漢人居住之地區，只有澎湖及台灣府治以東至保大里大腳山五十里爲界一帶；近府治南北路諸莊里，猶是社衆和漢人雜居；府治東方，山外青山，則爲未受教化的生番出沒其中，爲漢人足跡所不經之地。

　　康熙三十六年（1697）郁氏來台探礦時，「自竹塹迄南崁八九十里，不見一人一屋，求一樹就蔭不得；掘土窟，置瓦釜爲炊，就烈日下，以澗水沃之，各飽一餐。……既至南崁，入深箐中，披荊度莽，冠履俱敗：直狐狢之窟，非人類所宜至也」〔註64〕，當時台南縣佳里鎮以北仍爲平埔族番社的部落，幾無漢人的足跡；而從竹塹到南崁（桃園蘆竹）八九十里無一人一屋；要找到一樹就蔭皆不可得，可以想見當時人去業荒的景象。但在康熙五十六年（1717）的《諸羅縣志》就描述「鹿場悉爲田，斗六門以下，鹿獐鮮矣」〔註65〕了，竹塹埔在郁永河的遊記裡仍是洪荒處女地，十八年後已是「鹿場半爲流氓開」。迨至康熙六十一年（1722）來台視察的藍鼎元則謂開墾流移的地區，延袤二千餘里，糖穀之利甲天下。

　　其實清初對於台灣漢移民之開拓土地約束甚嚴，《諸羅縣志》記載「番社

〔註61〕參見杜正勝〈《番社采風圖》題解——以臺灣歷史初期平埔族之社會文化爲中心（六）〉《大陸雜誌》九十六卷六期，頁11。
〔註62〕四大番社，即指新港、目加溜灣、麻豆、蕭壠四社。
〔註63〕參見清·高拱乾《臺灣府志》，頁6。
〔註64〕清·郁永河《裨海紀遊》，頁22。
〔註65〕清·周鍾瑄《諸羅縣志》，頁298。

歲久或以爲不利，則更擇地而立新社以居。將立社，先除草栽竹，開附近草地爲田園。竹既茂，乃伐木誅茅。室成而徙，醉舞酣歌，互相勞苦。先時，舊社多棄置爲穢墟，近則以鬻之漢人」〔註66〕，然而台灣土地還是不停地被開墾，主要因爲中國大陸閩粵地區，發展已經達到了飽和的狀態，而人口仍持續增加，於是在陷入生存困境的情勢逼迫下，閩粵居民紛紛不顧渡台禁令，偷渡來台佔住地質良好的平原，再加上台灣原住民們原營游耕游獵生活，土地所有權觀念淡薄，全台平地本皆其土地，縱然鄭氏時期被侵占部分已成民業，其餘也應皆歸其所有，而清政府竟剝奪了他們對所謂「無人占有土地」的所有權，平埔族人表現得熟視無睹，事實上他們根本也無力反抗。

《臺海使槎錄》記載沙轆社眾時：「辛丑七月，大風，糯黍歉收，間爲別番傭工以餬口。土官嘎即，目雙瞽，能約束眾番，指揮口授無敢違。社南地盡膏腴，可種水田。漢人有欲售其地者，嘎即佯許之；私謂眾番曰：『祖公所遺，衹此尺寸土，可耕可捕，藉以給饔飧、輸餉課；今售於漢人，侵佔欺弄，勢必盡爲所有，闔社將無以自存矣！我與某素相識，拒其請搆怨，眾爲力阻，無傷也』。卒不如其請」〔註67〕，漢人侵佔原住民的土地，乃是生存競爭上必然的現象，故清政府雖屢申禁令，二百年來，全不收效；且此影響漸漸轉變而成爲社眾自己內部相互間之競爭。

而關於漢人侵占平埔族土地的手段，溫吉以爲「大別之可分兩種，一爲積極手段，一爲消極手段。何謂積極手段？即公然出諸威力，對番人加以壓迫，毀其家，殺其族，終至驅逐之於境外，以占奪其故地者。此手段概施之於未化生番，時或對於僻陬之熟番行之」〔註68〕；何謂消極手段？即以和平手段侵佔土地者，例如以交換土地爲名〔註69〕、結婚〔註70〕、同化計策〔註71〕、直接騙取〔註72〕等手段，而多行之於熟番，時或對歸順生

〔註66〕 清‧周鍾瑄《諸羅縣志》，頁174。
〔註67〕 清‧黃叔璥《臺海使槎錄》，頁128～129。
〔註68〕 溫吉《臺灣番政志（一）》，頁300。
〔註69〕 「交換土地：乘番人之愚魯，且不諳耕種，以巧言百計籠絡，僅以斗酒尺布之微而換取適大之土地。」溫吉《臺灣番政志（一）》，頁300。
〔註70〕 「結婚計策：利用平埔族以女子承家之風俗以入贅番女，實際上管其家政，終至占有其土地。」溫吉《臺灣番政志（一）》，頁301。
〔註71〕 「同化計策：爲得番人之歡心，與結爲副遏……或自行退化，隨從番俗，以遂其霸佔土地之目的。」溫吉《臺灣番政志（一）》，頁301。
〔註72〕 「騙取土地：由番人給出土地，當其作佃批字據時，欺其不知文字，故意將

番行之。台灣土地開墾之勢已不可擋，中村孝志依據方志整理，清代開墾田園的實數，而有下列的結果〔註73〕：

康熙 22 年（1683）	田 7534.5773 甲	園 10919.2867 甲	計 18453.864 甲
康熙 49 年（1710）	9161.7353 甲	20947.9736 甲	30109.709 甲
雍正 13 年（1735）	14,076.1659 甲	34,441.2442 甲	50,517.4102 甲
乾隆 9 年　（1744）	14,574.81 甲	38,310.15 甲	53,184.96 甲

溫振華也利用方志中有關的資料加以整理，他所得出結果是「可看出臺灣開墾的方向，由南而北逐漸發展。南部地方的臺灣縣、鳳山縣、諸羅縣開發較早，荷蘭、明鄭時期已略有為墾殖，迨雍正末，土地開墾大致完成，而呈停滯的現象，田園面積增加有限。中部彰化縣一帶開墾稍晚，到乾嘉之際也呈飽和狀態。北部淡水廳一帶，亦大致在乾隆末年開墾完成，田園面積增加有限。東北部的噶瑪蘭廳，就清代臺灣開發時間上言，屬於最晚，約至道光末期始開發完成。乾隆末年，臺灣西部平原大致開墾成田園，道光年間，除東北的噶瑪蘭地區外，山地與番屯地漸成為第二階段的開墾地區」〔註74〕，除了是對台灣土地開墾的景象與進度的陳述，也因為已開墾區向未開墾區繼續發展，再度證明他所提出清代漢人社會的「企業精神」，一直延續不斷。

（二）賦役繁重

　　荷蘭人治台期間，在財政上是屬掠奪式的經濟，設立官租〔註75〕、人頭稅〔註76〕、漁獵稅〔註77〕、貢納〔註78〕等名目，以種種手段苛徵暴歛。鄭氏

四至境界曖昧記載於該契字內，日後為口實，強佔契甲以外之地域，或不顧契約條件，蠶食界外，或為贌耕典胎等契約，在該契約字據上，記載有利於己而不利於番人之事項，使番人畫押為證，以強奪其土地。」溫吉《臺灣番政志（一）》，頁 301。

〔註73〕 中村孝志《荷蘭時代台灣史研究（上卷）概說・產業》，頁 18。

〔註74〕 中華文化復興運動推行委員會《近代歷史上的臺灣》，頁 353。

〔註75〕 「臺灣的土地，盡為屬於荷蘭所有的『王田』；所有農民，都祇是東印度公司的佃農而已。所謂官租，就是這些『佃農』向『公司』所納的地租」周憲文《臺灣經濟史》，頁 141。

〔註76〕 「凡臺灣居民，七歲以上，不分男女，不論身份，每人每月均須納稅。這一收入，由於移民的增加而增加。」周憲文《臺灣經濟史》，頁 142。

〔註77〕 「不論臺灣先住民或中國移住民，從事狩獵，先得請照納稅。狩獵執照，則由分駐各地的牧師發給。」周憲文《臺灣經濟史》，頁 142。

〔註78〕 「這主要是對臺灣先住民的；即凡受統治的臺灣先住民，每年須由各地『酋長』貢獻定量的寶貴產物。」周憲文《臺灣經濟史》，頁 142。

時期除了包稅制的正稅之外，平埔族人尚需負擔「花紅」。清治台灣則沿襲鄭氏需索花紅的陋規，以致有「贌社之時，不許指稱花紅等名色，需索分釐陋規」〔註79〕的情形，可想見居民生活的無可奈何。直到康熙末年，對平埔族課餉範圍逐漸擴大，在二林、馬芝遴（貓霧捒族 Babza）、貓兒干、大突四社（洪雅族 Hoanya）的納餉歌其意譯：「耕田園，愛好年景，捕鹿去，鹿不得逸，易餉銀得早完餉，可邀老爺愛惜，我等回來快樂飲酒酣歌。」〔註80〕反應平埔族人只能藉由歌謠方式來傳達出納餉生活的事實和自我寬慰的心聲，

在雜役壓迫方面，荷蘭東印度公司之台灣長官甚至與平埔族訂立協約，規定可以隨時徵服勞役，這項負擔被鄭氏和清政府所繼承，隨統治者之需索無度，平埔族往往難勝苛酷。像郁氏來台採硫並無正式官銜，卻有五十五人勞役跟從，每經過平埔聚落則可換黃犢車，且由平埔族人充當駕駛。有一首採自洪雅族哆囉嘓社的歌謠〈哆囉嘓社麻達遞送公文歌〉：

> 喝逞唭蘇力（我遞公文），麻什速唭什速（須當緊到）；沙迷唭呵奄（走如飛鳥），因忍其描林（不敢失落）；因那唭嗌包通事唭洪喝兜（若有遲誤，便爲通事所罰）！〔註81〕

表達平埔族人爲官府趕送公文，且心懷警戒、深怕稍有疏失的情形。不僅是遞送公文，遇有官員出差巡視時，還必須擔負搬運行李、人力抬轎、駕牛車的工作，當然若有工程興建的需要時，又得付出勞力徭役，而這些都只是義務性質，不屬於有報酬的交易行爲。

三、統治者的同化運動

同化（Assimilation），「是指一個弱勢文化被一個強勢文化所吞噬，整體的說包括語言、信仰、社會及家庭結構，生產、生活、教育方式及其價值觀」〔註82〕，台灣外來統治者的同化運動，可以主要分爲荷治時期的西化影響，和中國大陸來的統治者「儒化」運動。

（一）荷治時期

荷蘭人在台三十八年（1624～1661）的統治，曾給了台南附近的平埔族

〔註79〕清・高拱乾《臺灣府志》，頁249。
〔註80〕清・黃叔璥《臺海使槎錄》，頁106。
〔註81〕清・黃叔璥《臺海使槎錄》，頁106。
〔註82〕莊萬壽〈台灣平埔族的儒化〉第一屆台灣儒學研究國際學術研討會抽印本，頁155。

以甚大的影響，其最顯著者爲宗教與標音文字兩項。荷蘭人占領台灣其主要目的固然爲貿易利益，但傳播基督教〔註83〕亦爲其原因之一，而其在後者之成就亦甚大；當時台南附近之平埔族信仰基督教而接受洗禮者極多，直到今日南部各地屬平埔族系統之居民仍大部分信奉基督教。另一項標音文字，荷蘭教士傳教時曾用羅馬字母注寫平埔族方言，或在教導平埔族人讀《聖經》，這種羅馬標音文字曾發生極大的作用，一直到清嘉慶十八年（1813），亦即荷蘭人被趕走後的一百五十餘年，平埔族尚在應用這一種標音文字，流傳至今日，便爲對平埔族之研究具有價值的所謂「新港文書」，內容就是平埔族人以這一種羅馬標音文字書寫成的各種契約文件。

荷治時期，在台灣教化事業已有相當進展〔註84〕，「教化進步的地區，住民百分之八十均受基督教教育，其中百分之四十對教理具有相當程度的理解」〔註85〕，受教化的地區，以現今台南爲中心，北及於嘉義、彰化附近，南及於下淡水溪下游、恆春附近。惟在南部地區因教師素質不良及水土不服，無甚成果。其他基隆、淡水地區有西班牙人所傳天主教的遺留，而荷蘭人亦會派遣傳教士往其地宣教，但因西班牙、荷蘭人不久被迫退出台灣，是以北部地區的宗教傳播並未有多大收穫。

隨著荷蘭人的離開，平埔族進入漢化的階段，但是我們仍舊可以發現，荷蘭人在台灣這幾年努力所遺留下的痕跡，「自紅彝以來，習其字能書者，謂之『教冊』，凡出入之數，皆經其手，用鵝管削尖，濡墨橫寫，自左至右，非直行也」〔註86〕；「習紅字者，橫書爲行，自左而右；字與古蝸篆相彷彿。能

〔註83〕「荷蘭人在原住民中間傳教是採取強制政策的。凡無故不到教堂禮拜或學校上課的原住民，都要被處以罰款，嚴重的受到鞭笞或流放。」楊彥杰《荷據時代台灣史》，頁 118。

〔註84〕以 1638 年和 1639 年爲例，五社的學生數已多達 400 餘人。本表請參見楊彥杰《荷據時代台灣史》，頁 112。

	1638.2	1639.1	1639.12
新港	約 100	70	45
目加溜灣	84	87	87
大目降	/	43	38
蕭壠	145	130	130
麻豆	/	141	140
合計	約 329	471	440

〔註85〕中村孝志《荷蘭時代台灣史研究（上卷）概說・產業》，頁 9。

〔註86〕清・蔣毓英《臺灣府志》，頁 60。

書者，令掌官司符檄課役數目，謂之『教冊仔』。」〔註87〕像是當初在荷治時期，荷蘭語文已感難學難教，可是直到清治時期，所謂的紅毛字或紅夷字就很可能是羅馬拼音的平埔族方言，和平埔族他們所使用的書寫工具更是明白的例證，平埔族在政權轉移過程中，或多或少也都承襲而且保留下荷蘭的文化。

（二）清治時期

　　荷蘭人對平埔族所留下的影響雖甚為深刻，但其範圍僅限於宗教及標音文字這幾項，其影響所及的區域主要亦僅限於台南附近。至於在一般風俗習慣、日常生活等方面，平埔族人很早便為漢人所同化，其受漢人之影響要比受蟄居於熱蘭遮城內的荷蘭人影響更為深入，但是平埔族更大規模的接受漢文化，卻要等到在清政府正式治理台灣以後。當時清政府把台灣原住民分為「熟番」和「生番」，在表面上是依照接受外來統治與否來劃分，實際上，其主要是以他們與漢族移民的關係和漢化程度來區分的。

　　事實上，清政府對平埔族人「儒化」〔註88〕甚為努力，當然這是清朝統治者又以大中國文化為優秀之心態作祟使然，其結果是平埔族人在物質生活及精神層次等各方面皆被統治者同化（請參見表一），以下論文敘述則擇其主要設施且收效甚多者二項予以說明：改風俗、設社學。

〔註87〕清‧周鍾瑄《諸羅縣志》，頁 163。
〔註88〕「儒化是屬於信仰、教育、價值觀的文化變遷的新適應，就平埔族部落的儒化而言力理論上堪稱是涵化（Acculturation）的過程。」莊萬壽〈台灣平埔族的儒化〉第一屆台灣儒學研究國際學術研討會抽印本，頁 155。

表一：平埔族同化（包括儒化）歷程表

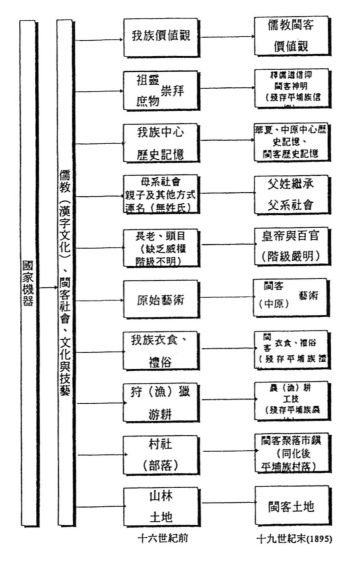

十六世紀前	十九世紀末(1895)
我族價值觀	儒教閩客 價值觀
祖靈崇拜 庶物	拜儒道信仰 閩客神明 （殘存平埔族信仰）
我族中心 歷史記憶	華夏、中原中心歷 史記憶、 閩客歷史記憶
母系社會 親子及其他方式 連名（無姓氏）	父姓繼承 父系社會
長老、頭目 （缺乏威權 階級不明）	皇帝與百官 （階級嚴明）
原始藝術	閩客 （中原）藝術
我族衣食、 禮俗	閩客衣食、禮俗 （殘存平埔族禮）
狩（漁）獵 游耕	農（漁）耕 工技 （殘存平埔族農）
村社 （部落）	閩客聚落市鎮 （同化後 平埔族村落）
山林 土地	閩客土地

（國家機器｜儒教（漢字文化）、閩客社會、文化與技藝）

資料來源：莊萬壽〈台灣平埔族的儒化〉
第一屆台灣儒學研究國際學術研討會抽印本，頁 173。

1、改風俗

台灣縣和諸羅縣境內的新港、目加溜灣、蕭壠、麻豆，在鄭氏時代就是大社，他們漢化程度較高，已經學會種植水稻的技術，能使用牛耕、犁耙，開溝引水灌田，後來還出租、典當和出賣土地。他們與漢人進行貿易，用鹿

皮、鹿肉等土產，交換鹽、糖、布、鐵器等物，生活比較富裕，與漢人移民能夠和平相處。經過長期雜居、交往、通婚和文化上的相互影響，民族關係逐漸改善。

以明尊卑之別爲例，《諸羅縣志》說：「坐以腳跟墊尻，若聽鞠然。古人以跪爲坐，後乃有趺坐或就榻而坐者，諸番不知於何始也！無倫次，隨地錯雜。南社之番，獨不敢與土官列坐。陳小崖『外紀』：『紅毛諸國之番，官長過，不知起立，摘帽爲敬；既過，則戴之。雲南土司諸蠻，手舉次工端拱（次工者，方言帽也；如漁笠，黑氈爲之）』。今諸番被化日久，迎送長官亦知拜跪矣」〔註89〕；《臺海使槎錄》「土官、副官、公廨，至娶妻後即於肩、背、胸膛、手臂、兩腋，以鍼刺花，用黑煙文之；正土官刺人形，副土官、公廨祗刺墨花而已，女土官肩臂手掌亦刺墨花：此即尊卑之別」〔註90〕，漢化日久，以往平埔族人視年齡長幼爲尊卑之別，一改成爲以社會地位、人爲的稱謂爲主的方式。

2、設社學

在台灣社會稍有秩序之後，清初治台各官守立即開始他們從來不曾或忘的教化工作，這些官吏跟中國古代歷朝的官吏一樣，深受儒家的影響，他們相信教化是最有效的治理方法，也是最重要的政治工作。臺灣府首任知府蔣毓英於康熙二十三年（1684）來台赴任，就在這年，他捐奉創立義塾二所，位於府城東安坊，名爲社學，延師課督學童。這種義塾，後來在台灣各縣都有增設。台灣初設的臺灣、鳳山、諸羅三縣，都在康熙二十三年（1684）新設儒學爲官學。府城的儒學則在康熙二十四年（1685），由臺灣道周昌和知府蔣毓英合作設立。在百廢待興的台灣，治台各官守堅持以教化爲首務，例如知府蔣毓英以「進父老子弟，教以孝弟之義，振興文教，捐俸創立義學，延師課督」爲其重要治績，諸羅縣知縣季麒光也以「課士、招商、拔儒童才質之佳者接禮之」爲其主要宦績。〔註91〕

至清初時，於康熙二十四年（1685），林謙光《臺灣紀略》云：「今道，府設立社學，教誨番童，漸有彬彬文學之風矣」〔註92〕，康熙二十四年（1685）

〔註89〕清・周鍾瑄《諸羅縣志》，頁166。
〔註90〕清・黃叔璥《臺海使槎錄》，頁154。
〔註91〕參見楊熙《清代臺灣：政策與社會變遷》，頁63。
〔註92〕王雲五《臺灣雜記及其他一種》，頁6。

之前，亦即台灣甫歸入清朝版圖，清政府便已設立社學，教育番童了。《高志》：

> 一在臺灣縣東安坊。
>
> 一在臺灣縣東安坊。
>
> 一在鳳山縣土墼埕。
>
> 以上三所，係康熙二十三年知府蔣毓英置。
>
> 一在臺灣縣鎮北坊。康熙二十八，臺廈道王效宗置。
>
> 一在諸羅縣新港社。
>
> 一在諸羅縣目加溜灣社。
>
> 一在諸羅縣蕭籠社。
>
> 一在諸羅縣麻豆社。
>
> 以上四所，係康熙二十五年縣令樊維屏設教番童。〔註93〕

由於社學的普遍設立，於是《諸羅縣志》：

> 在邑里漢莊者八，以教漢童：一在縣内紅毛井邊。一在新化里八莊。
> 一在善化里關帝廟後。一在開化里觀音宮。一在安定里姑媽廟。一
> 在打貓莊。一在斗六門莊。一在半線莊營盤邊（以上八所，康熙四
> 十八年知縣劉作楫奉巡撫張伯行通行建）。
>
> 在番社者八，以教番童：一在新港社。一在目加溜灣社。一在蕭壟
> 社。一在麻豆社（以上四所，康熙二十五年知縣樊維屏建）。一在諸
> 羅山社。一在打貓社。一在哆囉嘓社。一在大武壟社（以上四所，
> 康熙五十四年知縣周鍾瑄建）。〔註94〕

而《臺海使槎錄》「肆業番童，拱立背誦，句讀鏗鏘，頓革咮離舊習。陳觀察
大韡有司教之責，語以有能讀四子書、習一經者，復其身，給樂舞衣巾，以
風厲之。癸卯夏，高太守鐸申送各社讀書番童，余勞以酒食，各給四書一册、
時憲書一帙。不惟令奉正朔，亦使和有寒暑春秋；番不記年，或可漸易也。」
〔註95〕；「紅毛舊習篆成蝸，漢塾今聞近社皆；謾說飛鴉難可化，泮林已見好
音懷。」〔註96〕可見平埔族人由於政治勢力的轉移，文化上也被漢文化漸取
代；實際上，康、雍之間，漢化教育雖處於起步階段，不過已有若干成效。

〔註93〕清・高拱乾《臺灣府志》，頁32～33。
〔註94〕清・周鍾瑄《諸羅縣志》，頁79～80。
〔註95〕清・黃叔璥《臺海使槎錄》，頁171。
〔註96〕清・黃叔璥《臺海使槎錄》，頁177。

第四節　小結

　　清治時期台灣社會所產生巨大的變遷，若是從統治階層來看，清初的台灣猶如燙手山芋，清政府將台灣納入版圖的動機，乃在於避免台灣成為「盜藪」，清政府是既害怕亂臣賊子隨時造反，又怕放棄了會被其他民族伺機佔領，對台灣的統治政策也就以安全為第一優先，由其派駐台灣的官吏、軍隊中，可以看出清政府表現極度的不放心，步步為營，時時小心，是為防台而治台了。但對於一直以來清治台灣所面對的「非為理臺而治臺，乃防臺而治臺」指責，正可以充分說明滿人入主中國後防備漢族的心理，然而此種防備心理，又豈是台灣一地所獨有！對台灣的原住民而言，無論清治時期的治台政策是積極或消極，都是一個新的歷史轉變的開始。但清政府對地方發展的政策及角色也並非一成不變的，往往會受到環境變遷的影響，因此，如要深入了解清政府對地方發展的功能，必須分階段加以評析，不強調積極或消極二元的劃定。

　　反倒是清治時期，台灣社會所呈現的依然是如同巴林頓‧摩爾所說：「社會系統中缺少有效率的機構來制止官員的壓榨行為這一點，可以說是中國社會中最基本的結構性弱點之一。為了王朝的利益，必須公正而有效率地徵收捐稅。但幾乎沒有什麼機構保障這項工作的順利進行，而且執行的人員也少得可憐。另一方面，受賄的誘惑使得每一個官員都盡其所能地中飽私囊，只要營私舞弊的惡名不張揚出去以至毀了自己的前程，他們就什麼事都幹得出來」〔註97〕，社會基層的廣大民眾，成了最無辜的犧牲者。曾少聰在研究明清海洋移民的狀況之後，陳述一事實「不是實力強大，經濟發達，有遠距離航海能力的國家就一定會走上殖民主義的道路」〔註98〕，他強調尤其是中國，有完全的能力進行海外殖民活動，而並沒有那樣做。個人卻以為殖民的虛實和結果，難就以表面上的名義論定，在台灣平埔族群的消失，究為應然？抑或必然？或者統治者無殖民心態，然面對私下漢人的拐騙搶奪，不是更可見得人的貪婪黑暗？

　　對新移民社會而言，清代是華南漢人移民開發台灣的關鍵時期，也是台灣漢人社會建立與轉型的重要階段。新移民社會的產生：有交通的因素，東洋針路的航運發達；經濟上的誘因，台地本身的富庶；政策上的影響，對鄭氏遺民的撫綏。當年最大和最常見的危險和威脅是疾病、原住民的「出草」

〔註97〕巴林頓‧摩爾著《民主和專制的社會起源》，頁164。
〔註98〕曾少聰《東洋航路移民——明清海洋移民台灣與菲律賓的比較研究》，頁228。

以及洪水、颱風等自然災害。以疾病的發生來說，瘴氣所引起的瘧疾等是最常見的病；直到晚清，許多來台灣的外國人還有這樣的記載：台灣有一種最凶惡的疾病，就是瘧疾。在人民之間造成莫大災害，往往成為許多其他疾病及死亡的原因。每家時常有人病倒，甚至在數小時之後就死亡。霍亂及瘧疾的細菌，像疫病似地橫行於島上。原本拓墾台灣，對移民本身來說，就是一部充滿血汗和淚水、交織著失敗與成功的開發史。

杜正勝研究有關平埔族文明化，做出這樣一個精闢沈痛的陳述，在最近一個世紀，平埔族有些文化可能殘存在台灣「漢人」社會中，但做為一個族群，平埔族基本上已經消失。平埔族的消失其實即是他們「文明化」的結果，首先雖然有過短暫的荷蘭化，主要則是隨之而來的徹底漢化。這個過程發軔甚早，陳第贊歎他們是葛天之民，但也發現「自通中國，頗有悅好；姦人又以濫惡之物欺也，彼亦漸悟，恐淳朴日散矣」。荷蘭、鄭氏和清政府先後入主台灣，「姦人」在國家機器的合法掩護下，不斷吞蝕平埔族原有的社會和文化，他們就是在經濟剝削和政令壓迫中接受「文明」的洗禮，進而逐漸痛苦地融入「文明」的世界〔註99〕。當台灣浮現於世界史地圖之後，平埔族群，自始便是「台灣開發史」、「族群關係史」上的主要成員，他們的活動及其歷史角色，便是台灣史的重要內容；幾百年的時光，平埔族不得不首當外來族群政、經力量及語言、文化的衝擊，從十七世紀開始，就面臨族群文化認同與抗爭、消失與保存的危機。

對平埔族文化消失的原因，學者們有著不同的詮釋，何素花認為清政府的教化措施，「未能掌握異民族的主要文化特質，徒以文化標準否定平埔族社會，視其文化為墮落荒謬，由不屑可憐而思改造，可見當代官府、時人、漢民，從未欣賞真正的平埔族」〔註100〕。楊熙則認為原住民漢化是必然的，這「不是文化間優劣差等的結果，而是因為弱勢文化臣服於強勢文化的必然結果」〔註101〕；杜正勝也說：「平埔族傳統文化之失落，就文化本身而言，他們是弱勢；

〔註99〕杜正勝〈《番社采風圖》題解——以臺灣歷史初期平埔族之社會文化為中心（六）〉《大陸雜誌》九十六卷六期，頁6。
〔註100〕何素花〈清初旅臺文人之台灣社會觀察——以郁永河的『裨海紀遊』為例〉《聯合學報》十三期，頁308。
〔註101〕「原住民族有語言，沒有文字，即使有，也只能作簡單的記事未能記載較複雜而抽象的事務。原住民族沒有精確的時間觀念，不知道記月記年。原住民族也沒有貨幣觀念，不了解金錢的用途。原住民族男子漁獵，女子稼穡，不明瞭大規模農耕生產的意義。」楊熙《清代臺灣：政策與社會變遷》，頁124。

就政治上言，他們是被統治者；而在人口方面，他們也成為少數」〔註102〕。

　　一九九年七月二十四日，由於參加由常民文化所舉辦的「第一屆平埔族文化研習營」機會，來到了台南縣新化鄉口埤教會，這裡多數是屬於西拉雅族，他們在生活的心情上是包容和樂觀的，教會裡的萬長老秉持「用心做事，定會脫穎而出」的理念和親朋的支持，正在為文化打造希望工程，他們築夢踏實的等待：

　　　　這一天，
　　　　帶著記憶回到親愛阿公
　　　　的雙膝上，
　　　　讓熟悉感覺重返朋友敘舊的竹棚下；
　　　　這一天讓夢想在孩童笑聲中
　　　　自由奔馳，
　　　　使生命在重述與創造
　　　　的激盪裡綻放
　　　　在竹與西拉雅的平凡聚落
　　　　我們攜手打造生命對遇的
　　　　希望工程。

　　個人以為到底是強勢與弱勢對抗的結果也好；是不懂得以文化的角度欣賞也罷！族群和文化的消失，這都不再只是平埔族群心中的痛，而是所有台灣人的遺憾。缺口空白既成事實，走出悲情，補復的工作還是得繼續前進，不僅是冀望平埔族人重拾應有的尊重，也是在歷史長流中，每一份子面對錯誤而該具備的勇敢承擔。

〔註102〕杜正勝〈《番社采風圖》題解——以臺灣歷史初期平埔族之社會文化為中心（六）〉《大陸雜誌》九十六卷六期，頁9。

第三章 《裨海紀遊》對台灣自然環境陳述之解析

　　《裨海紀遊》的內容乃客觀記載康熙三十六年（1697）台灣自然環境，這片仍未被完全開闢的土地，以及伴隨而來，反應當時人對大自然的觀察和理解，本章即針對郁氏陳述加以整理條列，而其在當時科學知識不足的限制下，所記載內容難免不盡詳細或有錯誤，則以今日之角度予以解釋辨析和補充。

第一節　水文系統

一、台灣海道——黑水溝與紅水溝

　　何謂「溝」？郁氏以為「海水正碧，溝水獨黑如墨，勢又稍窊，故謂之溝」〔註1〕，而乾隆三十四年（1769）任台灣海防同知的朱景英，在其著作《海東札記》中說：「海水橫流處，深無底，水多青紅碧綠色，勢若稍窊，故謂之溝」〔註2〕，由此可知清人所謂的「溝」有兩項特徵：一是相較於海水的顏色來說，溝水顏色是相對的深黑；二則是「溝」在地勢上，較為低窊。

　　台廈間的黑水溝，為海峽兩岸往來的舟船增加許多不可知的變數。「唐山過台灣」在航運未發達時，並不是件容易的事，清初福建、廣東兩省人民因山多田少、人口壓力過大，許多年輕人為了全家三餐生計考量，選擇冒險偷渡來台，當時僥倖渡過的個個是「舟過黑水溝，舵工顏如墨。畏驚驪龍睡，檣艫快掀擊。回瞻黑奔渾，弱膽尚餘惕」〔註3〕，航經黑水溝而為大海冤魂不

〔註1〕清・郁永河《裨海紀遊》，頁6。
〔註2〕清・朱景英《海東札記》，頁11。
〔註3〕清・朱仕玠《小琉球漫誌》，頁12。

勝估算，在《裨海紀遊》中即有段黑、紅水溝的描述，以下便是針對郁氏的
記載加以陳述及解析：

> 臺灣海道，惟黑水溝最險。自北流南，不知源出何所。海水正碧，溝
> 水獨黑如墨，勢又稍窊，故謂之溝。廣約百里，湍流迅駛，時覺腥穢
> 襲人。又有紅黑間道蛇及兩頭蛇繞船游泳，舟師以楮鏹投之，屏息惴
> 惴，懼或順流而南，不知所之耳。紅水溝不甚險，人頗泄視之。然二
> 溝俱在大洋中，風濤鼓盪，而與綠水終古不淆，理亦難明。〔註4〕

（一）黑水溝的別名

在清人文獻記載中，有關黑水溝的別名。有因其海水顏色較為深黑，所
以稱為「墨洋」，如「中有黑水溝，色如墨，曰墨洋」〔註5〕；或者是「黑洋」，
例如「中有黑水溝，色如墨，曰黑洋」；又或者是「黑水洋」，如「夜渡黑水
溝（即黑水洋，其水獨窊，故又稱溝）」〔註6〕。

又黑水溝有大小洋兩道溝水的分別〔註7〕，而有「重洋」之名，例如「黑
水溝有二：大溝闊而淺，小溝狹而深，故又曰重洋」〔註8〕。另外，由於黑水
溝不論大、小洋均會流經澎湖，因其地理位置的關係，所以有人稱為「澎湖
溝」，如「中有黑水溝，色如墨，曰墨洋（即澎湖溝）」〔註9〕。

（二）黑水溝的特徵

1、「湍流迅駛」

黑水溝之險是赫赫有名，在「臺灣海道，惟黑水溝最險」〔註10〕，台灣
有句俗語「六死、三留、一回頭」，主要是由於它「海水橫流，為渡臺最險處，
水益深黑，必藉風而過」〔註11〕，而黑水溝之險，就在於風力加上順流，在
漲潮時，時速可達四浬，因而引起大渦潮，所往之處，水色全變，船一進入

〔註4〕 清‧郁永河《裨海紀遊》，頁5～6。

〔註5〕 清‧黃叔璥《臺海使槎錄》，頁9。

〔註6〕 清‧蔣鏞《澎湖續編》，頁123。

〔註7〕 「黑水溝有二：其在澎湖之西者，廣可八十餘里，為澎廈分界處，水黑如墨，
名曰大洋，其在澎湖之東者，廣亦八十餘里，則為臺、澎分界處，名曰小洋，
小洋水比大洋更黑，其深無底，大洋風靜時尚可寄椗，小洋則不可寄椗；其
險過於大洋。」清‧謝金鑾《續修臺灣縣志》第一冊，頁30。

〔註8〕 清‧周璽《彰化縣志》，頁22。

〔註9〕 清‧陳淑均《噶瑪蘭廳志》，頁215。

〔註10〕 清‧郁永河《裨海紀遊》，頁5。

〔註11〕 清‧朱仕玠《小琉球漫誌》，頁12。

此區，渦潮疊浪造成針舵失效。橫渡的過程既驚濤駭浪、又需在湍流迅駛，對台廈之間的海路交通而言，無怪乎很快大家就能達一共識，即公認是黑水溝「驚濤鼎沸，險冠諸海」〔註12〕。

2、「自北流南」

郁氏他提到的黑水溝是「自北流南，不知源出何所」〔註13〕，而這和一般所說的黑潮流向不符，加上黑潮其為洋流流向，又不似海面上的波浪流向不定，那麼郁氏所說的「自北流南」會不會是其筆誤？為此個人提出三項可能的說法，或許能進一步解釋何以郁氏所說的黑水溝流向會是由北流南？

其一，是原來北赤道洋流經呂宋分二支，一沿台灣東岸北上，在琉球附近與南下的日本海流會合；另一流向西方，形成台灣海峽海流。台灣海峽海流受季風影響，流向與速度不定，九至四月東北季風強時，多向西南流；五至八月，西南風盛行時，多向東北流，而郁氏來台之時，恰為東北季風盛行，其水流確有可能是由北流南。

其二，郁氏所見為中國沿岸流，而非黑潮。「台灣海峽西邊有中國沿岸海流由北而南，流入中國南海，如果是在冬天受東北季風影響流速將更加快。此外，夏天西南季風強勁，在台灣東部由南而北的黑潮，其支流由台灣南部經西岸而北上與黑潮主流會合，當台灣西岸由南向北的海流與中國沿岸由北而南的海流相會，形成波濤洶湧的黑水溝」〔註14〕。

其三，受台灣近海海底深度落差的影響（請參見圖一）。台灣海峽中一百公尺之等深線自台灣灘南面向東北延伸經東吉嶼與馬公外海，折向台灣沿海岸向南經高雄及東港，繞琉球嶼外緣而至台灣南方，此一百公尺等深線緊靠台灣南部海岸，此一百公尺等深線以南，深度逐漸加深，二百公尺至一千公尺等深線大致與一百公尺等深線呈同樣形狀之平行分布而往南海方向加深〔註15〕，利用地理測量成果，配合水往低處流的特性，解釋黑水溝何以自北流南？實因海峽兩端之水深係自福建沿岸往東北向的東海及東南向的南海逐漸加深。何以黑水溝非流經沿岸？因海峽之中部係由福建和台灣沿岸相向海峽中心逐漸加深。

〔註12〕清・黃叔璥《臺海使槎錄》，頁9。
〔註13〕清・郁永河《裨海紀遊》，頁5。
〔註14〕莊萬壽〈台灣海洋文化之初探〉《中國學術年刊》十八期，頁6。
〔註15〕參見陳民本、陳汝勤《中國的海洋》，頁131。

圖一：台灣近海海底等深（公尺）線圖

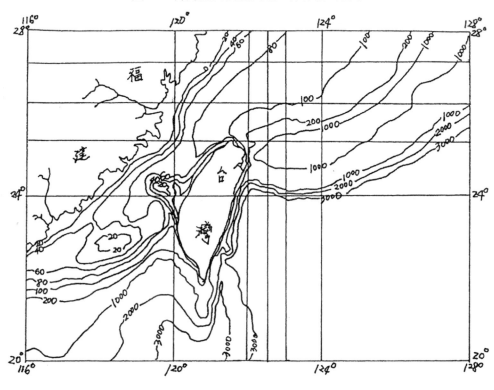

資料來源：陳民本、陳汝勤《中國的海洋》，頁130。

3、色「黑如墨」

強調黑水溝的顏色、命名的緣由，「海水正碧，溝水獨黑如墨」，這是指相對於海水的碧青色，黑水溝則顯得色澤墨黑，其實據研究分析有關造成海水顏色的原因，有「（一）為水深；（二）為底部的顏色；（三）為天氣的晴曇；（四）為太陽的高度；（五）為水溫與鹽分；（六）為波浪；（七）為與水中浮游生物及砂泥等混雜物的多寡和種類有關」〔註16〕，換言之，探究海水之色不能不多方面予以考慮；所以因為水的光線吸收和海中物體的顏色，形成海水的顏色看起來如墨之黑，亦屬當然之事。

4、「廣約百里」

這點從文獻資料亦可佐證，光是澎廈間的黑水溝已「廣約六、七十里」〔註17〕，而嘉慶年間謝金鑾、鄭兼才合纂的《續修臺灣縣志》則有「黑水溝

〔註16〕王益崖《水文地理學》，頁95。
〔註17〕清‧王必昌《重修臺灣縣志》，頁56。

有二：其在澎湖之西者，廣可八十餘里，爲澎廈分界處，水黑如墨，名曰大洋，其在澎湖之東者，廣亦八十餘里，則爲臺、澎分界處，名曰小洋」〔註18〕，二者相加亦有百餘里；又道光年間由陳淑均所纂的《噶瑪蘭廳志》亦云：「黑水溝尤險，廣百餘里，袤長莫溯其源，極深無際，波濤瀠洄」〔註19〕，在當時文獻記載對黑水溝的寬度，尚未有統一測量起點終點情況下，距離的描述只能求其大概，而清人關於黑水溝的寬度約百餘里的認定，其值不致相差甚巨。

5、水多腥臭

郁氏在橫越黑水溝時，曾「時覺腥穢襲人」〔註20〕，其它如《小琉球漫誌》和《臺灣輿地彙鈔》也記載著「舟過溝，水多腥臭，蓋毒氣所蒸也」〔註21〕，實際上，土壤有土壤的氣息、森林有森林的感覺。這是我們都可能會有相同的經驗，就是當我們靠近海邊時，也可以經由嗅覺知道海就在不遠處，正因爲在自然環境當中，所涵蓋的有生命和無生命的物質不同，聚合而成的氣味也會不一樣，也許對於像郁氏這種習慣陸地味道的漢人，自然不熟悉海洋所散發的氣味，因而一時之間無法適應，而以爲是腥臭味。

6、水中有蛇

黑水溝裡有蛇，這傳說時有所聞，且對蛇的描述可從文獻記載了解概狀：「傳有怪蛇長數丈，遍體花紋，尾梢向上，毒氣熏蒸，腥穢襲人」〔註22〕、「水中有蛇，皆長數丈，通身花色，尾有梢向上，如花瓣六、七出，紅而尖；觸之即死」〔註23〕。在現代的生物學上，的確有「海蛇」〔註24〕這種生物的存在，不過「海蛇」一般只是俗名，而非嚴謹的生物學名，而郁氏所說的極有

〔註18〕 清・謝金鑾《續修臺灣縣志》，頁30。
〔註19〕 清・陳淑均《噶瑪蘭廳志》，頁44。
〔註20〕 清・郁永河《裨海紀遊》，頁6。
〔註21〕 清・諸家著《臺灣輿地彙鈔》，頁2。
〔註22〕 清・朱景英《海東札記》，頁11。
〔註23〕 清・諸家著《臺灣輿地彙鈔》，頁2。
〔註24〕 （1）Hydrus platurus linnaeus，一名蛇婆，爬蟲綱。體長一公尺至二公尺，下半部及尾皆側扁。頭小，眼亦小，口有毒牙，牙上有溝，鼻孔在頂端，內有膜瓣，可防水入內。鱗爲六角形，有黑白二色之環紋，交互排列。尾短，狀如櫂。子胎生。產南海及南洋諸島。（2）Oxys-tomus macrorhynchus，硬骨魚綱。長約一公尺。口吻銳，眼大，鰓孔闊。背部褐色，腹面銀白，胸鰭褐色。產近海，台灣南部多見之，故又名台南蛇。

可能是所謂的台南蛇。當然清人對於海中有蛇的強調，也有可能是基於心理層面上的需要，利用傳說產生以替代心中的恐懼，尤其是傳說故事中常有畫蛇添足的部分，更可突顯人們心中恐懼的程度，愈是誇張、代表內心愈是害怕。

7、航海針路

在航海技術並不十分發達時，經驗和具體的階段性目標是影響航行成敗的關鍵。黑水溝在清初航海技術不足的背景下，就發揮指標性的效用，再配合「視澎湖以定向。若舟不收澎，或飄越臺之南北而東，則渺不知其所之。或未及泊澎，爲東風所逆，不得不仍回廈門。倘已收澎湖，值風大浪湧，惟日泊澳以待而己」〔註25〕的準則，一旦行駛廈澎之間如已渡黑水溝而仍未見澎湖，則宜儘速打道回府，因爲這表示航道迷失，茫然不知將漂向何方，而身陷危境。

除了黑水溝之外，澎廈航路間尚有紅水溝較不爲人所知，相關記載有：

> 臺灣海道，惟黑水溝最險……紅水溝不甚險，頗泄視之。〔註26〕

> 由大擔出洋，海水深碧，或翠色如靛。紅水溝色稍赤，黑水溝如墨，更進爲淺藍色。入鹿耳門，色黃白如河水。〔註27〕

> 由大嶝出洋，海水深碧，或翠色如澱。紅水溝稍赤，黑水溝如墨。更進爲淺藍色，近鹿耳門則漸白矣。〔註28〕

> 黑水溝，橫流迅駛，乃渡臺最險處。既過，水色依然蒼赤，有純赤處，是名紅水溝，不甚險。〔註29〕

由上可知，清人以兩個方向來比較黑水溝、紅水溝間的差異，其一，紅水溝的顏色較其旁的海水而言，是偏於赤色，再次強調海水顏色的區別是相對比較下所產生的結果，而非我們習以爲常的絕對的紅色。其二，紅水溝和黑水溝在航行的安全上，紅水溝對於橫渡者的性命所構成的威脅較低，因此人們自然是以舒緩的心情來看待它。

〔註25〕 清・朱景英《海東札記》，頁11。
〔註26〕 清・郁永河《稗海紀遊》，頁6。
〔註27〕 清・黃叔璥《臺海使槎錄》，頁10。
〔註28〕 清・朱景英《海東札記》，頁13。
〔註29〕 清・王必昌《重修臺灣縣志》第一冊，頁53。

二、河川

　　台灣是一個狹長的高山島，其「主要河川 21 條，次要河川 29 條及普通河川 79 條」〔註30〕，河流源自中央山地，上游地勢高聳，河床坡度很陡，河川沖刷力很強；下游較平緩，沖積甚為顯著。康熙三十六年（1697）郁氏來台採硫，他選擇從臺灣府（今台南市）藉由陸路北上，當時他所經歷的大小河流全無橋樑可利用，都需以人渡河，其險倍常！常有「溪水湍急，役夫有溺而復起者」〔註31〕的驚險鏡頭發生。台灣的河川，由於地形陡峭，各河川落差均大，侵蝕作用相當旺盛，河川東西流向，長度都不長，最長的濁水溪、高屏溪，其長度不超過二百公里，但河川的數量多〔註32〕、密度高，根據郁氏的說法，至大肚社時，「溪澗之多，尤不勝記」〔註33〕，而由臺郡到淡水，他已「涉大小溪九十有六」〔註34〕。

　　再者，台灣的河川因為降雨季節分配不平均，致使流量洪、枯變化懸殊〔註35〕。夏季若遇暴雨，河水滾滾，壯觀非常，又快速地流入大海；冬季台灣南部進入乾季，河水只剩涓涓細流，或成為礫石纍纍的乾溪；這也同時可以解釋台灣年雨量雖然不少，但仍然常苦於無水可用的情形。在郁氏採硫的路程中，「南北溪流錯雜，皆源發內山，勢如建瓴；大雨後尤迅急不可屬揭，行旅苦之」〔註36〕，他從四月十三日至二十三日，中間有十天行程的延宕，即是因遭遇大雨，造成河川湍急、水位高漲的困難，最終還是在「未可涉也」〔註37〕情急之下硬是強行渡過。

〔註30〕 蕭新煌、蔣本基、劉小如、朱雲鵬《台灣二〇〇〇年》，頁 63。
〔註31〕 清・郁永河《裨海紀遊》，頁 22。
〔註32〕 「西部的主要河流，由北而南有淡水河、鳳山溪、頭前溪、中港溪、後龍溪、大安溪、大甲溪、大肚溪、濁水溪、北港溪、朴子溪、八掌溪、急水溪、曾文溪、二仁溪、高屏溪及林邊溪，東部主要河流有蘭陽溪、和平溪、立霧溪、花蓮溪、秀姑巒溪及卑南大溪。」石再添《台灣地理概論》，頁 16。
〔註33〕 清・郁永河《裨海紀遊》，頁 19。
〔註34〕 清・郁永河《裨海紀遊》，頁 26。
〔註35〕 「虎尾東、西二螺，水濁而迅急，泥沙滾滾；人馬牛車渡此須疾行，稍緩則有沒腹埋輪之患。夏、秋水漲，有竟月不能渡者；被溺最多。」清・周鍾瑄《諸羅縣志》，頁 286。又「大肚、大甲、大安三溪，俱稱險絕。然大安面稍狹、大肚水勢稍平，獨大甲溪闊流急；水底皆圓石，大若車輪，苔蒙其上，足不可駐。至時人各自保，不能相救。又海口甚近，雖善泅如番，亦對之色變；秋漲尤險。」清・周鍾瑄《諸羅縣志》，頁 287。
〔註36〕 清・朱景英《海東札記》，頁 8。
〔註37〕 清・郁永河《裨海紀遊》，頁 20。

第二節　自然景觀

一、土壤

　　台灣的土壤、植被也與福建大體相似。在山區廣泛分布石質土（主要分布在高山）和經灰化而成的各種灰化土（主要分布在中央山脈及東部海岸地區），在低丘崗陸區主要是黃棕壤和紅棕壤（主要分布在桃園、中壢一帶），在沿海低平地區為肥力較高的沖積土和貧瘠的鹽土。〔註38〕在郁氏眼裡「臺灣山色皆黑土」〔註39〕，事實上台灣中海拔山地，同時有灰化作用與聚鐵鋁化作用。潮濕關係有些微的灰化作用現象，加上氧化鐵變成含水氧化鐵（即褐鐵礦），顏色由紅色轉為黃紅色，和土壤有機質的黑化作用，混合呈現灰棕色的土壤。〔註40〕

　　郁氏觀察到台灣西部「雖沿海沙岸，實平壤沃土，但土性輕浮，風起揚塵蔽天，雨過流為深坑」〔註41〕，從地形地質上看，台灣西海岸確實是屬於堆積性的隆起沙岸，但這片平壤沃土，目前由於自然、人口、社經的因素影響，海岸土地利用狀況已呈現出過度開發的嚴重問題，最好的證明，即是台灣南部沿岸的養殖業過度抽取地下水，已造成嚴重地層下陷和海水倒灌的現象；因此，早期郁氏在台灣所感受到的塵土飛揚，一種原始的土味老早就不復存在，而這也說明了往往在人類生存與環境生態兩者的取捨拉扯中，大自然這位母親，總是先為人們所遺忘。

二、原始林

　　熱帶性或亞熱帶性密林本屬於台灣的植物面貌，但這些對古老植物種類提供一個保護場所的原始林，如今幾乎已完全被破壞殆盡，因此目前尚存天然形成的次生林應該嚴格加以維護，以期能做為野生動植物的生育地。至於當時台灣主要的植物景觀，郁氏來台之時，他所親身經歷的是「平原一望，罔非茂草，勁者覆頂，弱者蔽肩，車馳其中，如在地底，草梢割面破項，蚊

〔註38〕 參見石再添《台灣地理概論》，頁86～87；蕭新煌、蔣本基、劉小如、朱雲鵬合著《台灣二○○○年》，頁71。

〔註39〕 清・郁永河《裨海紀遊》，頁18。

〔註40〕 參見韋煙灶〈台灣地區中小學土壤地理教育之研究〉《第二屆臺灣地區地理學術研討會論文集》，頁12。

〔註41〕 清・郁永河《裨海紀遊》，頁11～12。

蚋蒼蠅吮咂肌體，如飢鷹餓虎，撲逐不去」〔註42〕的情形，我們知道自然環境影響生態族群，因此既然郁氏所探訪的是當時尚未開墾的土地，雜草蚊蠅自為強勢團體，而人類相對地也就成為少數外來的入侵者。

三、地形

（一）平原

在《裨海紀遊》一書中所描寫的自然環境，就屬平原的形容，最難於尋找可想像空間的痕跡，他寫到台灣的平原，就是以「一望千里」〔註43〕四字形容，反觀今日台灣的平原上，一望千里的平原已不復見，農民為生計考量，將平原地區的農地變更為住宅區使用，因而造成農地減少的趨勢，高樓大廈一棟棟與天爭高的興建；再者，平原地區也因工業發展，設立了許多的工廠，直接為地方帶來的公害、對國人生命健康的威脅，更是不爭的事實。

人為力量介入太多，台灣處處是建築叢林，環境的隱憂實在讓生活時刻提心吊膽；因此，以台灣整體地形而言，平原〔註44〕約占百分之三十強的面積，如今由於開發容易，人口激增，繁華一如嘉南平原，地理景觀的改易，除了感嘆滄海桑田之餘，連呼吸的空氣味道也隨之不同。

（二）高山

在地勢上，台灣是一個多山的島嶼，是由幾條平行於島軸的山脈組成。中央山脈貫穿南北，北起蘇澳，南到恆春半島，全長三百四十八公里，三千公尺以上的高峰林立。中央山脈西側為雪山山脈和玉山山脈〔註45〕。在台灣眾山當中，郁氏僅提及「玉山」，但他並非親自登臨，

> 玉山在萬山中，其山獨高，無遠不見；巉巖峭削，白色如銀，遠望如太白積雪。四面攢峰環繞，可望不可即，皆言此山渾然美玉。番人既不知寶，外人又畏野番，莫敢向邇。每遇晴霽，在郡城望之，不啻天上白雲也。〔註46〕

〔註42〕清・郁永河《裨海紀遊》，頁 26。
〔註43〕清・郁永河《裨海紀遊》，頁 57。
〔註44〕「平原包括河流沖積平原與海岸平原，分布於島之周緣，其形成的年代較新，目前仍在擴展中，主要的平原有西部的嘉南平原，南部的屏東平原及東北部的宜蘭平原。」石再添《台灣地理概論》，頁 14～和頁 16。
〔註45〕參見石再添《台灣地理概論》，頁 13～16。
〔註46〕清・郁永河《裨海紀遊》，頁 55。

玉山〔註 47〕位在嘉義、南投、高雄三縣交界處，是台灣第一高峰，也是西太平洋邊緣的第一高峰，「山最高，人不能上」〔註 48〕，山勢陡削，登峰甚難；冬期積雪，「月夜望之，則玉色璘璘」〔註 49〕，玉山之名與此有關，「在諸羅萬山之中，望之如太白積雪，非有玉可採也」〔註 50〕，並非因其產玉之故。

第三節　天災

一、颱風

　　台灣位處於西北太平洋颱風帶，侵襲台灣的颱風大都來自北太平洋西部，以加羅林群島、馬利安納群島和帛琉群島附近一帶最多，也有部分來自中國南海海面，但次數較少。台灣一年平均約受到三至四次的颱風威脅，長年下來居民們多次的苦痛犧牲和經驗累積成的「颱風知識」，甚爲可貴。從底下的〈清代臺灣災荒統計表〉〔註 51〕中，可計算出風水災占清代台灣所有災荒的 51% 強，清代台灣的災荒幾乎可說是因颱風來襲造成損失：

年代 ＼ 類別	風水災	震災	歉饉	火災	旱災	山崩	疫災	總計
康熙（二十二年起）	一七	七	六	二	一	0	0	三三
雍正	六	二	0	0	0	一	0	九
乾隆	四五	一一	八	五	八	0	0	七七
嘉慶	一七	九	七	六	三	0	一	四三
道光	二九	五	三	三	一	0	0	四一
咸豐	六	一	一	一	一	一	0	一一

　　在《裨海紀遊》中有關於「颶」的段落記載：

　　　海上颶風時作，然歲有常期；或逾期、或不及期，所爽不過三日，

〔註47〕「玉山山脈北起濁水溪岸，南迄荖濃溪和楠梓仙溪會口」，石再添《台灣地理概論》，頁 2。
〔註48〕清‧諸家著《臺灣輿記彙鈔》，頁 1。
〔註49〕清‧諸家著《臺灣輿記彙鈔》，頁 1。
〔註50〕清‧朱景英《海東札記》，頁 7。
〔註51〕陳亦榮《清代漢人在臺灣地區遷徙之研究》，頁 127。

別有風期可考。颶之尤甚者曰颱，颱無定期，必與大雨同至，必拔木壞垣，飄瓦裂石，久而愈勁；舟雖泊澳，常至齏粉，海上人甚畏之，惟得雷聲即止。占颱風者，每視風向反常爲戒：如夏月應南而北，秋冬與春應北而反南（三月二十三日馬祖暴後便應南風，白露後至三月皆應北風；惟七月北風多颱），旋必成颱，幸其至也漸，人得早避之。又曰：風四面皆至曰颱。不知颱雖暴，無四方齊至理；譬如北風颱，必轉而東，東而南，南又轉西，或一二日、或三五七日，不四面傳遍不止；是四面遞至，非四面並至也。颶驟而禍輕，颱緩而禍久且烈。又春風畏始，冬風慮終；又六月聞雷則風止，七月聞雷則風至；又非常之風，常在七月。而海中鱗介諸物游翔水面亦風兆也。〔註52〕

藉由這段文字，引發四個方向值得探究：

（一）關於「颶」、「颱」

明代之前，颶風的記載屢見不鮮，但未見有稱颱風者。天啓五年（1625），明朝政府趕走在澎湖築城的荷蘭人後，有份文件〈兵部題行「條陳彭湖善後事宜」殘稿〉記錄「查彭地故沙礫鹹鹵，四面平坦，無高山以闌之。颱颶搏射，不堪種植。」〔註53〕，可見「颱」字出現不晚於明末清初。而根據林紹豪〈颱字義源〉〔註54〕和周明德〈臺灣先民創制「颱」字原委－附「typhoon」由來之說明〉二文，考察「颱」字爲「新制之字」，且颱風乃由「風篩」轉寫而來，非源自「大風」或「臺灣之風」，應爲可信的推論。

十七世紀的文獻資料已可以發現許多「颱」字的記載〔註55〕，但「颶」

〔註52〕 清・郁永河《裨海紀遊》，頁13～14。
〔註53〕 中央研究院歷史語言研究所《明清史料》乙編第七本，頁604。
〔註54〕 林紹豪：「風颱者，風篩也。蓋昔人見颱風之作，風四面遞至，宛如由一巨者篩出者然，因名之曰風篩。此詞由來當已甚久遠，後人乃因風取義，以台爲音，新制『颱』字。由是『風篩』記爲『風颱』，後漸轉寫爲『颱風』，而成今日通用之名詞也。」
〔註55〕 清・林謙光《臺灣紀略》：「秋令颱颶時起，土人謂正二三四月爲颶，五六七八月起者爲颱，颱甚於颶，而颶急於颱。」又清・高拱乾《臺灣府志》：「颶之甚者爲颱，颶候發候止，颱常連日夜，颱者乃土人見颶風挾雨四面環至，空中旋舞如篩，因曰風篩，謂颶『風篩雨』，未嘗曰颱風也臺音篩同臺，加風作颱，諸書承誤。」

和「颱」的差異，郁氏以為主要是「颶風時作，然歲有常期」〔註56〕、「颶之尤甚者曰颱」〔註57〕、「颶驟而禍輕，颱緩而禍久且烈」〔註58〕，可知在十七世紀時，是以其規則與否、風勢強弱、時間長短、禍害大小來區分「颶」與「颱」二字，與現代使用上因發源地不同，而名稱有別〔註59〕的區法有極大的差異，因此，我們在閱讀時應理解其字的意義，不應加以混淆。

（二）預知颱風

占驗的產生，實是人之常情，這是因為占卜先驗在最基本的作用上，能夠適度消解人們部分因心理疑惑所伴隨的焦慮不安，尤其是對十六、七世紀的台灣居民而言，在心理層次上更是如此，由於風災肆虐，當時居民幾乎是個個聞颱色變，在必須面對未可知的事物，而人力又無法阻止它到來的情形下，僅能冀盼由最原始的大自然中獲得預告，藉由動植物和自然的微妙聯繫、風向反常與否來猜測。

「海中鱗介諸物游翔水面」〔註60〕是風兆的表示，台灣是一個海洋台灣，資源的供需求於海洋甚多，每天生活在大海中的生物，透過感官上的靈敏反應，牠們的特殊活動常透露出不尋常的氣息。植物亦然，「土番識颱草，此草生無節，則周年俱無颱；一節，則颱一次；二節，二次；多節，多次，無不驗者，今人亦多識此草」〔註61〕，原住民族利用「風篩草」（請參見圖二）的紋貌來占颱於史籍皆有載。這類的預測方式，假如是謠言散播、人心惶惶，既杞人憂天也無濟於事，一味胡亂迷信，則不足取；但如果是正向積極的防患於未然，能藉機提高注意、加強防災的認識和措施，雖說缺乏確切的科學資料證明，個人仍是肯定其具有的參考價值。

〔註56〕清‧郁永河《裨海紀遊》，頁13。
〔註57〕清‧郁永河《裨海紀遊》，頁13。
〔註58〕清‧郁永河《裨海紀遊》，頁13。
〔註59〕熱帶氣旋（Tropical Cyclone）：源地不同，稱呼有別。

颱風	Typhoon	北太平洋西部及南中國海地區
威利威利	WILLY-WILLY	澳洲
氣旋	Cyclone	阿拉伯海、馬拉加西以西之印度洋
颶風	Hurricane	北太平洋東部、大西洋及加勒比海和墨西哥灣等地

〔註60〕清‧郁永河《裨海紀遊》，頁14。
〔註61〕清‧蔣毓英《臺灣府志》，頁7。

圖二：風篩草

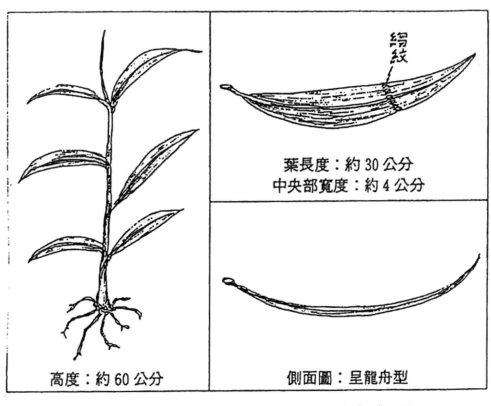

葉長度：約 30 公分
中央部寬度：約 4 公分

高度：約 60 公分

側面圖：呈龍舟型

資料來源：周明德《臺灣風雨歲月——臺灣的天氣諺語與氣象史》，頁 56。

另外，對於預知颱風也有較科學的方法，「占颱風者，每視風向反常爲戒」
〔註 62〕，這是利用季風亞洲所形成的秩序，在台灣夏天吹西南季風，冬天改
東北季風，對居民來說，這樣季節固定、風向不變是常風，是以舟人知道以
風向反常爲颱風來襲的前兆。

> 清明以後，地氣自南而北，則以南風爲常風；霜降以後，地氣自北
> 而南，以北風爲常風。若反其常，寒南風而暑北風，則颶颱將作，
> 不可行船。……風大而烈者爲颶，又甚者爲颱。颶常驟發，颱則有
> 漸。颶或瞬發倏止，颱則常連日夜，或數日而止。大約正二三四月
> 發者爲颶，五六七八月發者爲颱。九月，則北風初烈，或至連月，
> 稱爲九降風；間或有颱，則驟至如春颶。船在洋中，遇颶，猶可爲；
> 過颱，不受也。〔註 63〕

〔註 62〕 清・郁永河《裨海紀遊》，頁 13。
〔註 63〕 清・蔣毓英《臺灣府志》，頁 5～6。

《蔣志》所敘述的這段文字正顯示出「風信」對傳統海上帆船交通的重要性，風向與颱風的關係預測，這尤其當明末清初時行政橫越海峽將觸角伸至台灣，靠著舟船往返，兩岸的接觸頻繁，觀察所累積的航海認識就有書寫記錄的必要；而「風信」這個子目反應在方志書寫的條目上，便成為沿海地區纂修者會特別注意的項目，而有別於地處大陸內陸各區方志的子目內容。

（三）颱風的發生

如果閱讀過《裨海紀遊》中實況報導郁氏在康熙三十六年（1697）七月份在煉硫處，從十九日至二十三日〔註 64〕，所經歷五天四夜的狂風暴雨，對於早期清代台灣的颱風洪水便不會陌生：

> 自十九日至二十一日，大風拔木，三晝夜不輟，草屋二十餘間，圮者過半。夜臥聞草樹聲與海濤聲，澎湃震耳，屋漏如傾，終夜數起，不能交睫。
>
> 二十二日，風雨益橫，屋前草亭飛去，如空中舞蝶。余屋三楹，風至兩柱並折，慮屋圮無容身地，冒雨攜斧斫自伐六樹支棟，力憊甚。而萬山崩流並下，汎濫四溢，顧病者皆仰臥莫起，急呼三板來渡。余猶往來岸上，尚欲為室中所有計，不虞水勢驟湧，急趨屋後深草中避之；水隨踵至，自沒脛沒膝，至於及胸。凡在大風雨中涉水行三四里；風至時時欲仆，以杖掖之，得山巖番室暫棲。暮，無從得食，以身衣向番兒易隻雞充餒。中夜風力猶勁。
>
> 二十三日，平明，風雨俱息；比午，有霽色，呼番兒棹莽葛至山下渡余登海舶，過草廬舊址，惟平地而已。余既倖生存，亦不復更念室中物。敝衣猶足蔽體，解付舟人，就日曝乾，復衣之，遂居舟中。
>
> 〔註 65〕

根據中央氣象局〈侵襲台灣颱風資料一覽表〉〔註 66〕的記錄，從民國三十八年（1949）七月的 IRMA 至民國七十八年（1989）九月的 SARAH 為止，這四十年間侵襲台灣的颱風資料，我們可以藉由此一基本記錄，再進一步統計出颱風侵襲台灣的天數，而得到下表的結果：

〔註 64〕陽曆為一六九七年九月四日至九月八日。
〔註 65〕清・郁永河《裨海紀遊》，頁 38～39。
〔註 66〕王時鼎《侵台颱風路徑、強度、結構及風雨整合研究》，頁 181～189。

天數	1	2	3	4	5	6	7	8	總計
颱風次數	2	56	83	26	4	7	1	1	180

由上表可以了解一般侵襲台灣的颱風多為二至三天，因此郁氏所遭遇的五天四夜應是少見的大颱風，而郁氏特別強調在二十二日當天「風雨益橫」，也許我們加以推測二十一日至二十二日這中間，因為有颱風眼的經過，造成雨勢的稍小，隨後即再度籠罩在暴風圈下。

颱風主要是兩種作用在熱帶大氣內擾動形成的。一是對流作用，在熱帶海洋上，海面因受太陽直射而使海水溫度升高，海水容易蒸發成水汽散布在空中，故熱帶海洋上的空氣溫度高、濕度大，這種空氣因溫度高而膨脹，致使密度減小，質量減輕，而赤道附近風力微弱，所以很容易上升，發生對流作用，同時周圍之較冷空氣流入補充，然後再上升，如此循環不已，終必使整個氣柱皆為溫度較高、重量較輕、密度較小之空氣，形成所謂的「熱帶低壓」。二是因西南季風和東北信風方向不同，相遇時常造成波動和漩渦的輻合作用。如上所述，將颱風的形成，簡單以下面的表格來解釋：

對流作用＋輻合作用→當近地面最大風速到達或超過每秒 17.2 公尺＝颱風

「非常之風，常在七月」〔註67〕，談到颱風發生的時間，台灣多在七、八、九月三個月，而以八月份最多〔註68〕，因颱風發生的環境，必須有較高的氣溫和大量的水汽，發生對流作用，以及不同方向不同秉性的風，且發生波動而造成漩渦等，種種因素均以夏、秋環境較為適合。過了秋季，太陽直射部分往南，南半球之東南信風不能侵入北半球，能形成颱風的機會較少。

風向是「四面遞至，非四面並至」〔註69〕，也是郁氏很明白的見解。颱風暴風範圍內的風速分布並非均勻，如以象限劃分，在北半球進行中之颱風的右前方象限的風最大，因該象限吹東北風與夏季西太平洋的東北信風合併而增強了風速，至於右後方及左前方象限則是偏南的風與偏西的風，可與東

〔註67〕清・郁永河《裨海紀遊》，頁14。
〔註68〕西太平洋及中國南海海域颱風發生頻率表（1897～1996）

月份 次數	一月	二月	三月	四月	五月	六月	七月	八月	九月	十月	十一月	十二月	合計
總共發生 次數	38	18	27	57	91	144	378	471	437	348	228	112	2349
佔總數之 百分比	1.6	0.8	1.1	2.4	3.9	6.1	16.1	20.1	18.6	14.8	9.7	4.8	100
平均	0.4	0.2	0.3	0.6	0.9	1.4	3.8	4.7	4.4	3.5	2.3	1.1	23.5

〔註69〕清・郁永河《裨海紀遊》，頁13。

北信風相抵消部分，風勢較小，在左後方象限的風最小，因該象限西南風恰與西太平洋的東北信風相反，抵消最多，所以一般而言，颱風前半部風力大於後半部。

至於郁氏認為的颱風發生「必與大雨同至」[註70]的說法，事實上未必如此，不可一概而論，這點我們可以自氣象從業人員有「風颱風」、「雨颱風」非正式的特殊性質颱風稱謂的區別知曉，颱風有些是風力較強而雨量較少；有些則雨量頗大而風力不強。

（四）颱風的離開

「惟得雷聲則止」[註71]這提到颱風的停止消失，這和台灣有句諺語「一雷止九颱」所指的是同一件事，而這個推測，甚至可追溯至康熙二十二年施琅大破劉國軒的澎湖海戰，其代表史籍《福建通志臺灣府》便記載「須臾，雷聲殷殷動，國軒推翻食案歎曰：『天命矣』！海行占風者以雲起為風兆，聞雷則散雲。」[註72]這是對大自然現象直接觀察的結果，那麼這句諺語在今科學昌明的檢測下有無道理？颱風畢竟是會削弱消失，但究竟是何時呢？

在夏季，台灣在熱帶海洋性氣團籠罩下，上升氣流旺盛，午後常有雷雨發生；但在颱風接近時，台灣地區因受颱風外圍下沈氣流影響，雷雨便會停止。如果颱風已開始侵襲，颱風範圍內上升氣流旺盛，常有雷雨發生，只不過是雷聲為風雨聲掩蓋不易被吾人所聽見罷了。所以此句諺語的正確解釋應為「台灣地區經常有午後雷雨發生時，颱風不會來，如果連續性雷雨忽然停止時，便可能有颱風要來了，一旦颱風來了，雷雨仍可發生，颱風亦不會因雷雨之發生而減弱消散」。至於颱風何時離開？當風雨驟然停止時，有可能是進入颱風眼的現象，並非颱風已經過去，短時間後狂風暴雨將會再突然來襲；此後，風雨漸次減小，並變成間歇性降雨，慢慢地風變小、雨漸停，這才是颱風過去了。如果颱風眼並未經過當地，但風向逐漸從偏北風變成偏南風，且風雨漸小，氣壓逐漸上升，雲也漸消或漸高，天氣轉好，這也表示颱風已過去或即將過去。

[註70] 清・郁永河《裨海紀遊》，頁13。
[註71] 清・郁永河《裨海紀遊》，頁13。
[註72] 臺灣銀行經濟研究室《福建通志臺灣府》第六冊，頁987。

二、地震

地震發生的原因，自古以來就有很多傳說，早期人們以為地震是由於惡神發怒而起，要使它平靜，一定要以供物祭拜，來安慰惡神的心；實際上，現在經科學的勘測，知道是因台灣的地理位置，地震和深海海溝、火山〔註73〕三種同樣都是環太平洋地區的標誌。關於地震，人們通常依其成因分成構造地震、火山地震、衝擊地震三大類〔註74〕，而在台灣所發生的多屬於構造地震。據中村孝志的考證〔註75〕，可知在 1661 年初，台灣就曾發生陸動山搖的激烈地震，使得生長於歐洲從未體驗地震威力的荷蘭人飽受驚嚇，當時偵測地震強度沒有現代科學的輔助，但相對地，早期的人們以直接感受去回應大自然的衝擊。康熙三十三年（1694）在麻少翁三社所產生的山河變動，更讓學者們致力於如何藉助歷史文獻來加以解讀台灣地震的歷史：

> 張大云：『此地高山四繞，周廣百餘里，中為平原，惟一溪流水，麻少翁等三社，緣溪而居。甲戌四月，地動不休，番人怖恐，相率徙去，俄陷為巨浸，距今不三年耳』。指淺處猶有竹樹梢出水面，三社舊址可識。滄桑之變，信有之乎？〔註76〕

正是郁氏的這一段記載，引起了自陳正祥在民國四十二年（1953）提出「古台北湖」開始，長達四十餘年的相關研究投入，我們也由《諸羅縣志》

〔註73〕「約在二百八十萬年前，由於菲律賓海板塊持續向歐亞大陸板塊的下方隱沒，在台灣島的北部，熔融的岩漿由裂縫噴出地面，產生一連串的火山爆發，形成現今台北盆地週圍的大屯火山群、觀音山和基隆火山群。……北部的火山群，到了約二十萬年前，就停止噴發岩漿。」戴寶村《台灣的海洋歷史文化》，頁 36。

〔註74〕「一、構造地震：由於地球內部不斷進行地殼運動，地殼之不同部分受到擠壓、拉伸、扭轉等力之作用而產生地應力。此力貯蓄至極點，在地殼中某一較弱部分急遽破裂，引起岩層錯動，而放出龐大能量，並產生地震波向四周傳播。當地震波到達地表時，則引起地表振動現象，此種地震稱為構造地震。二、火山地震：火山爆發時，岩漿向上噴出之衝力極為猛烈。在岩漿衝出地面時，能激起地面發生振動，即所謂「火山地震」。火山地震影響範圍一般較小，不會造成大面積之破壞與人畜傷亡。三、衝擊地震：地表或地下岩層，因為某種原因突然造成大規模陷落與崩塌時，產生強烈之衝擊，導致地表發生地震。如地下溶洞之塌陷、礦坑塌陷或大規模山崩及坍方亦會產生地表振動。」臺灣省文獻委員會《重修臺灣省通志》卷二土地志自然災害篇，頁 8～9。

〔註75〕中村孝志作：吳宵譯〈荷據時代臺灣的地震〉《台灣風物》一卷一期，頁 6～9。

〔註76〕清・郁永河《裨海紀遊》，頁 23。

和《雍正台灣輿圖》等古地圖資料了解康熙台北湖的存在是沒有疑問的。然而研究人員也幾乎是遵循陳正祥的看法〔註77〕加以延伸和修飾，一直到民國八十八年（1999）五月舉辦的「第三屆台灣地理學術研討會」，由林明聖、蕭謙麗、夏黎明、陳宏仁發表的〈康熙台北大湖考釋〉，才有突破性的見解，推測認為康熙台北湖是地震滑坡湖，而非地震斷層湖。文中除了再次確認康熙三十三年（1694）台北湖的存在外，更致力於採取人文與自然地理相互印證的方式，為康熙台北湖發生時間、位置、原因提出目前最有可能的解釋，文末則重新整理這些年對康熙台北湖研究結果補遺和釐清：

一、康熙台北湖屬於淡水湖泊，塭子川沼澤極有可能是該湖泊的殘留。

二、康熙台北湖的範圍與台北盆地現今海平面以上 3 公尺等高線的封閉區域相同，面積約 90 平方公里，相當於現今的關渡平原與塭子川沼澤。

三、康熙台北湖的形成原因可能是地震引發的滑坡湖，而其消失的原因可能是天然壩決堤與沈積速率的淤積。目前並無跡象顯示該湖的形成與新莊／山腳斷層的正斷層活動有關。

至於台灣地震發生的頻率，在以古籍方志記載地震為主的無儀器觀測階段，由張憲卿所作的〈台灣儀器觀測前大地震簡表（1644～1896）〉〔註78〕，可知自康熙十五年（1676）至康熙六十一年（1722），約四十六年的時間，即有十四次的地震記錄，多發生在嘉義和台南地區，而這僅僅是有記載的部分，在儀器欠缺的當時，地震發生的次數應遠遠超過這個數目，由於可見台灣地震活動是頻仍活躍的，幾次重大的地震災難〔註79〕，都提醒我們不能輕忽自然災難的可怕。

〔註77〕「一、該湖面積約有 150 平方公里，淹沒了盆地的西北大部。二、當時的大湖是一個鹹水湖，由地陷而引起的海水入浸所成。」陳正祥〈台北盆地之構造與成因〉《學術季刊》二卷一期，頁89。
〔註78〕海洋台灣文教基金會《地震、心慟、記憶—921 震災集體記憶推動小組記事》，頁 16～17。
〔註79〕二十世紀的台灣，因震災死亡超過千人的地震有 1906 年的嘉義烈震、1935 年的中部大地震、1999 年的集集烈震。參見海洋台灣文教基金會《地震、心慟、記憶—921 震災集體記憶推動小組記事》，頁 20～24。

第四節　小結

　　詩人寫下「勸君切莫過臺灣，臺灣恰似鬼門關；千個人去無人轉，知生知死誰都難」，胼手胝足打拼出「唐山過臺灣」的移民歷史，幾番生死關頭的掙扎；面臨「全臺山川夷險」〔註80〕，不論是山文、水文，在當時條件不佳的情況底下，人類要克服自然界的恆在和變異，艱困的情景不難想像。

　　三百年前郁氏探訪台灣時，「深山大澤尚在洪荒，草木晦蔽，人跡無幾，瘴癘所積，入人腸肺，故人至即病」〔註81〕，惡劣的環境與出其不意的原住民出草獵箭則令他有「在在危機、刻刻死亡」〔註82〕之嘆。然而對郁氏而言，他最大的威脅來自颱風的無情，在親身經歷了五天的大颱風後，眼見「屋前草亭飛去，如空中舞蝶」〔註83〕，山洪爆發，「萬山崩流並下」〔註84〕，差點葬身在洪流之中。僅僅三個世紀之後，台灣的人口密度在世界尺度上已名列前茅，今天真正能威脅我們的，早已不是蟲蠅、大蛇，而是大地最原始的力量，古人有云：「知命者，不立於危巖之下」，如今既已身處危巖下，又怎麼能不提高警覺，積極面對危機呢？

　　時至今日，在二十一世紀來臨前，現代人相對於浩瀚的宇宙空間，仍舊是微小的無足輕重，行星地球它沒有了人類，運轉依舊；人類要是破壞了地球，只有消失。天災超乎預期尚情有可原，人禍誠可避免；因此人們目前迫切需要建立環境倫理的認知，並且必須在人類的利益、瀕臨滅亡的物種、自然的物質資源等問題間取得平衡，二十一世紀人們最大的義務應是責無旁貸地珍惜自然環境，惟有如此才能讓地球上居住的故事繼續不斷地上演。

〔註80〕 清・郁永河《裨海紀遊》，頁 29。
〔註81〕 清・郁永河《裨海紀遊》，頁 26。
〔註82〕 清・郁永河《裨海紀遊》，頁 27。
〔註83〕 清・郁永河《裨海紀遊》，頁 38。
〔註84〕 清・郁永河《裨海紀遊》，頁 38。

第四章　《裨海紀遊》對清廷統治制度陳述之解析

第一節　對台澎的看法

一、針對棄台者的反駁

針對棄台者，郁氏曾指出他們背後的心理，是以爲台灣「海外丸地，不足爲中國加廣；裸體文身之番，不足與共守；日費天府金錢於無益，不若徙其人而空其地」〔註1〕，而指責這是想法的疏漏淺近，是「不知我棄之，人必取之；我能徙之，彼不難移民以實之」〔註2〕的事實。

更進一步，郁氏對於台灣位置之重要，有明確的認識，「臺灣蕞爾拳石，南北三千里、東西三百里，去廈門水程十一更。中間又有澎湖爲泊宿地，所處在東南五達之海，東西南北，惟意之適，實海上諸國必爭之地也」〔註3〕，與清初一些主張徙人棄地者不同，郁氏還以鄭氏之事爲歷史根據加以陳述，「我朝自鄭氏竊踞以來，海艘飄忽，在在入寇，江、浙、閩、粤沿海郡縣，蹂躪幾遍，兵戈垂四十年不息，而沿海萬里邊界爲清野計，屢煩大兵迄不能滅者，以有臺灣爲之基也……鄭鑒不遠，何異自壞藩籬，以資寇巢？是智者所不爲也！犄角三城，搤隘各港，堅守鹿耳，外此無良圖矣」〔註4〕，強調忽略台灣乃「智者所不爲」〔註5〕。

〔註1〕清・郁永河《裨海紀遊》，頁31。
〔註2〕清・郁永河《裨海紀遊》，頁31。
〔註3〕清・郁永河《裨海紀遊》，頁72。
〔註4〕清・郁永河《裨海紀遊》，頁31～32。
〔註5〕清・郁永河《裨海紀遊》，頁32。

　　郁氏觀察當時各國間的互動和局勢演變，主張清政府既來台統治，就不該輕言放棄，而要妥善規畫經營。據郁氏的分析清政府若眞放棄台灣，那麼馬上有琉球、日本、荷蘭、安南、東京等國搶奪據爲己有；他更進一步解析各國勢之所趨，琉球它雖「在閩省正東，去中國最近」〔註6〕，但琉球最爲貧陋弱小，並無商舶至琉球貿易，形成琉球與各國間的特殊默契，「諸國鄙其貧弱，不萌侵奪之念，彼反得以貧弱自安」〔註7〕。至於荷蘭等西洋人，「性貪狡，能識寶器，善貨殖，重利輕生，貿易無遠不至」〔註8〕，雖說地理位置距離台灣極遠，想要遙控台灣是非常困難的事，但卻有呂宋島一例在先，西洋人「分呂宋地爲二十四郡，有西洋化人共操其柄」〔註9〕，可見其心貪得無厭，郁氏也聰明地先爲統治者扣上「堂堂中國」〔註10〕的一頂高帽，再言若統治者「曾無人能破其奸，已爲醜類齒冷」〔註11〕的尷尬，且激切表示「脫有不信余言者，試問日本何以禁絕醜類，不令蹈其境乎？」〔註12〕，以求統治者能防患於未然。

　　郁氏視日本爲海外的「莫強之國」〔註13〕，日本的統治者尚好酷刑〔註14〕，手法殘酷，毫無人道，對內是小過輒死，其人民也在心生畏懼之下，而有「不拾遺風」〔註15〕；對外亦是，原先西洋人以天主教宗教之名對日本有所覬覦，後來事跡敗露，日本除了將人員全部殺戮外，還「鑄天主像，令人足踐而登」〔註16〕以敬效尤，此後凡有商船到達日本，必問有無天主教之人，如果被發現誤攜一人前往，那麼就將此商船牽置岸邊，整船的人集中在船底內燒死，所以

〔註6〕　清・郁永河《裨海紀遊》，頁62。
〔註7〕　清・郁永河《裨海紀遊》，頁62。
〔註8〕　清・郁永河《裨海紀遊》，頁64。
〔註9〕　清・郁永河《裨海紀遊》，頁66。
〔註10〕　清・郁永河《裨海紀遊》，頁67。
〔註11〕　清・郁永河《裨海紀遊》，頁67。
〔註12〕　清・郁永河《裨海紀遊》，頁67。
〔註13〕　清・郁永河《裨海紀遊》，頁63。
〔註14〕　「死有四等：其一灌水，水滿腹則遍撻其身，水散入肢體，又灌之；如此者三，如龐然大瓠，膨脹而死。其二懸腸，割人肛，繫巨竹梢，一縱而竹梢上騰，肢體倒懸，大腸盡出。甚者爲活燒，以罪人鎖繫杙上，圍繞乾柴，四面舉火，其人輾轉良久而死。又進於此爲倒懸殊，不即死，三數日後，頭脹如斗，五臟從口中出而死。皆非刑，較地獄羅鬼之慘尤甚。」清・郁永河《裨海紀遊》，頁63。
〔註15〕　清・郁永河《裨海紀遊》，頁63。
〔註16〕　清・郁永河《裨海紀遊》，頁63。

西洋人是懼之而退避三舍。而對於日本這個國家，中國向來也只能以「夜郎自大」〔註17〕來自我寬解，但日本的「恃強不通朝貢，且目中華爲小邦，彼則坐受諸國朝貢」〔註18〕，畢竟是不爭的事實，不容中國小覷。以上所說琉球、荷蘭、日本種種，郁氏苦心孤詣目的無非是希望統治者能防微杜漸，而需要以這種的動機才能說服統治者對台灣的重視，這也讓我們發現一個可悲的事實，那就是一直以來，台灣並沒有所謂的主體性，僅僅是處於附屬的邊陲地位，往往在異族覬覦；或台灣本身發出吶喊時，才能獲得執政者的餘光。

二、守澎湖以固台灣

鄭清之役，「康熙二十二年六月十六日，戰於澎湖；二十二日再戰，王師克捷，已入天妃澳。臺灣門戶既失，鄭眾危懼，欲遷避呂宋，不果；蓋其下皆謂克塽孺子，不足謀國事，而歸誠反正，猶冀得天朝爵賞，遂定計降」〔註19〕，康熙因而將台澎兩者同時納入版圖經營，但此番波折下來，清政府也認知到大陸東南沿海地區穩定的重要，所以台澎的問題是空前地吸引中央政府體系和地方政府體系的關注，並成爲朝野爭議的重大問題，促使深受儒家思想和傳統地緣政治因素侷限的上層集團逐步走出大陸主流思想而直接面對中國的海洋邊緣。

施琅以爲「如僅守澎湖，而棄臺灣，則澎湖孤懸汪洋之中，土地單薄，界于臺灣，遠隔金廈，豈不受制于彼而能一朝居哉？是守臺灣則所以固澎湖。臺灣、澎湖，一守兼之。沿邊水師，汛路防嚴密，各相犄角，聲氣關通，應援易及，可以寧息」〔註20〕，當時的台灣，對清政府而言是印象不深刻，沒有明確利益，未知數頗多，施琅他站在清政府國防安全的立場，希望第一線防線能不要退到澎湖，把防線拉遠到台灣，主張「守台灣以固澎湖」；當然施琅可能因私心作祟，如果棄置台灣，攻台之役便無法突顯其價值。經過十幾年，郁氏來台時，台灣已控制下來，且台灣的開墾頗具規模，澎湖則相對顯得地域小、發展空間有限，則改以「守澎湖以固台灣」的說法：

> 然守臺灣，尤宜以澎湖爲重。澎湖者，臺灣之門戶也；三十六島，
> 絕無暗礁，在在可以泊船。故欲犯臺灣，必先攻澎湖；澎湖既得，
> 進戰退守無不宜。欲守臺灣，亦先守澎湖；澎湖堅壁，敵舟漂蕩無

〔註17〕清·郁永河《裨海紀遊》，頁63。
〔註18〕清·郁永河《裨海紀遊》，頁63。
〔註19〕清·郁永河《裨海紀遊》，頁10。
〔註20〕清·施琅《靖海紀事》，頁61。

泊，即坐而自困矣。疇昔鄭氏，尚與王師鏖戰，澎湖既失，遂至窮
蹙，蓋可鑒也！〔註21〕

我們由施琅和郁氏各自論述的行文，雖可看出兩者中間差異的端倪，但是基本上，他們都承認台澎是大陸沿海的屏障，有著鞏固清政權的重要性，此外，在台澎兩地之間唇齒相依的關係上，也是有其一致的觀察。同時也證明台灣開發的迅速，從康熙二十二至三十六年（1683～1697），短短十數年的經營，成果已逐漸能影響人們多少站在台灣的立場發言，只不過清治台灣的階段，在以貫徹不孤立澎湖的海洋戰略之下，最終目的仍是為保護清政府的中央政權，台灣的主體性始終是不列入考慮範圍之內。

三、經濟利益的考量

除了軍事上的因素，郁氏同時覺察到台灣從一開始就顯露的開發潛能，以為「臺土宜稼，收穫倍蓰，治田千畝，給數萬人，日食有餘。為貫販通外洋諸國，則財用不匱」〔註22〕，而台灣發展的事實亦可證明，康熙三十六年（1697）郁氏來台時，台灣即已展現它的經濟實力，在稅收上，「入多而出少，較之內地州縣錢糧，悉輸大部，有出無入者，安得不彼日瘠而此日腴乎？」〔註23〕且台灣「民富土沃，又當四達之海；即今內地民人，襁至而輻輳，皆願出於其市。萑苻陸梁，孰不欲掩而有之？」〔註24〕較之康熙二十二年（1683）棄守爭議紛歧之時，這十餘年間的台灣發展變化已是明顯的快捷，較諸中國大陸各省，台灣經濟上的亮眼傑出，一直是遙遙領先，如果從清政府的角度來看，我們也不得不承認康熙他的確是做出明智之舉，納台之議是屬先見之明。

第二節　吏治與班兵制度

一、吏治方面

郁氏來台短短不滿八個月的時間，也已能觀察出吏治情況之糟糕，郁氏認為主要的關鍵問題在於「今臺郡百執事，朝廷以其海外勞吏，每三歲遷擢，政令初施，人心未洽，而轉盼易之，安必蕭規曹隨，後至者一守前人繩尺，

〔註21〕清・郁永河《裨海紀遊》，頁32。
〔註22〕清・郁永河《裨海紀遊》，頁31。
〔註23〕清・郁永河《裨海紀遊》，頁31。
〔註24〕清・郁永河《裨海紀遊》，頁31。

不事更張爲？況席不暇暖，視一官如傳舍，孰肯爲遠效難稽之治乎？」〔註25〕中央對地方的重視與否，嚴重影響地方職官的心態和施爲，況且駐台官吏的任期短，每三年任滿立刻調陞，制度不能貫徹，朝令夕改，居民常無所適從，使得清政府治台的政策和其眞正執行結果，產生相當程度的落差，對於清政府在台置官的得失，郁氏之評可謂一針見血。

　　但如果單以郁氏三年一任調遷，爲說明終清一朝台灣吏治不良原因的檢討，則顯然是不夠全面完整，劉氏在探究台灣吏治敗壞的原因，認爲至少應從「清初治臺的人事政策、文武官員事權之互相牽制、清代俸給制度、胥吏與差役的苛擾」〔註26〕四方面著手。人事政策方面，包括任期短、不准攜眷赴任、崇其體制。另外，台灣的文武首長，彼此是衝突牽制的關係，事權不專，和衷無人，亦造成政令推行之不易。俸給制度方面，「清代沿襲明代，以薄俸著名，官員除了生活費、辦公費之外，還須自付幕友的束脩及家丁的工食，薪水自然不敷使用」〔註27〕，因此不肖官吏藉收取規費以私飽中囊，剝削貪污，吏治焉能不壞？除了官員之外，胥吏和差役〔註28〕因爲工作需要直接與人民接觸，所以藉口勒索和魚肉百姓的機會相對增加，人民視之如豺狼虎豹，卻又莫可奈何。

二、班兵制度

　　可是自從康熙實施班兵制度戍兵在台，經過十餘年的時間，其成效究竟如何？當郁氏來到台灣西北隅的盡頭——淡水，發現這個鄭氏時期仍設置重兵戍守的地方，到清政府手上，就因「不虞他寇，防守漸弛」〔註29〕，連勉強至少應有的安平水師撥兵十人，每半年輪流一任戍守的例行公事，也因「水師弁卒，又視爲畏途，扁舟至社，信宿即返」〔註30〕，而造成淡水「十五六年城中無戍兵之跡矣！歲久荒蕪，入者輒死，爲鬼爲毒，人無由知」〔註31〕，變爲一處可怖的空城，所謂的汛守之設，只是虛晃一下的有名無實。

〔註25〕 清‧郁永河《裨海紀遊》，頁37。
〔註26〕 劉妮玲《清代台灣民變研究》，頁32。
〔註27〕 劉妮玲《清代台灣民變研究》，頁39。
〔註28〕 「官員是正印官及決策官，胥吏掌管衙門的文牘檔案，是規畫與執行的人員，差役負責雜務及勞役，是最低層的執行或協助執行人員」劉妮玲《清代台灣民變研究》，頁43。
〔註29〕 清‧郁永河《裨海紀遊》，頁29。
〔註30〕 清‧郁永河《裨海紀遊》，頁29。
〔註31〕 清‧郁永河《裨海紀遊》，頁29。

事實上，班兵制度由於先天三項缺失：不准攜眷的規定、駐地過於分散、易生械鬥；加上後天三個積弊：冒名頂替與吃空缺的弊端、索取規費的積弊、營務廢弛與武備不良的弊病。〔註 32〕先天不良加上後天失調，使得班兵制度不能發揮原有的功能，我們也由此了解，地方開發的紮實遠比設置軍隊來得實在，否則統治者身處京城的象牙塔中，在台灣的駐軍那可眞正印驗了「天高皇帝遠」這句話，所謂駐兵也只是懂得敷衍了事，各自以性命爲重，駐軍在台的國防安全考量並沒有落實。

第三節　對新移民趨勢和社會不安的看法

一、移民爲必然的趨勢

鄭氏治台時，清政府對台灣海峽兩岸實行嚴厲的經濟封鎖政策，但當時台灣海峽的兩岸貿易活動卻始終沒有停止過，郁氏甚至說：「我朝嚴禁通洋，片板不得入海，而商賈壟斷，厚賂守口官兵，潛通鄭氏以達廈門，然後通販各國。凡中國各貨，海外人皆仰資鄭氏；於是通洋之利，惟鄭氏獨操之，財用益饒」〔註 33〕，又說：「海禁愈嚴，彼利益普」〔註 34〕，郁氏已知勢不可擋，但清朝的統治者和基層群眾間想法，卻始終有一定程度上的落差，所以結局是不管清政府如何的阻擋，大陸人民移居台灣的熱潮，在移民的推力和拉力交互抉擇下，選擇突破偷渡可能帶來的艱險，移民來台的人數是持續成長，不曾減退。

中國大陸的東南沿海地區，其實主要就是閩、粵兩省，對台灣移民是一股推力，「近者海內恆苦貧，斗米百錢，民多飢色；賈人責負聲，日沸閭閻」〔註 35〕，在福建、廣東地區，因爲農村人口經營種類和方式的多樣化、土地的兼併、族田和僧田的增多等等現實壓力，許多農民出於自願或被迫地改變他們原來所從事的職業，轉向非農業生產的職業，在這其中許多人轉向商業活動；也有人移居外地，尋求耕地以繼續從事其農業活動，或改行從商。

台灣正提供閩、粵人一個就近的選擇，且台灣「獨似富庶，市中百物價

〔註 32〕參見劉妮玲《清代台灣民變研究》，頁 55～63。
〔註 33〕清·郁永河《裨海紀遊》，頁 48。
〔註 34〕清·郁永河《裨海紀遊》，頁 48。
〔註 35〕清·郁永河《裨海紀遊》，頁 30。

倍，購者無吝色」〔註36〕的經濟發展結果深深吸引他們願一試究竟；台灣對欲移民者是一股拉力，獨天得厚的條件，「雖沿海沙岸，實平壤沃土……稻米有粒大如豆者；露重如雨，旱歲過夜轉潤，又近海無潦患，秋成納稼倍內地；東產糖蔗雜糧，有種必穫」〔註37〕，說明了台灣的氣候溫和，不但適宜農作物的生長，生長期亦甚長，農民本是靠天吃飯的，「有種必穫」是務農者最大的期待。若是由農從商，因台灣與海外貿易的興盛，「植蔗爲糖，歲產五六十萬，商舶購之，以貿日本、呂宋諸國。又米、穀、麻、豆、鹿皮、鹿脯，運之四方者十餘萬。是臺灣一區，歲入賦七八十萬，自康熙癸亥削平以來，十五六年間，總計一千二三百萬」〔註38〕，稅收反應海外貿易帶來的富庶。眾多安土重遷的基層民眾，願意離鄉背井地移民至台，他們是出於政治考量的少，大半需要的無非是經濟利益，多多賺錢能不再爲生活所苦，台灣這塊土地，正代表著他們所企盼的發展空間和轉變契機。

二、清政府消納鄭氏遺民的影響

清政府既採消納的政策，對於吸引移民來台，的確是有相當程度的影響，然而鄭氏集團的產生原是爲反清復明而存在，對清政府來說，鄭氏集團無疑是清政權的反對勢力，卻沒有得到任何的懲戒，反倒是多所優惠，雖然對人民的一項德政，但對於意圖不軌之輩，此一政策的推行，也產生了反效果，郁氏來台時，即注意到此一弊病的荒謬：

> 乃臺民居恆思亂，每聚不軌之徒，稱號鑄印、散劄設官者，歲不乏人；敗露死杖下，仍多繼起者。非有豪傑之士，欲踵武鄭氏也，緣臺民皆漳泉寄籍人，五十年來，皆見兵戈不足畏；又目覩鄭氏將弁投誠，皆得官封公侯，以是爲青雲捷徑，成則王、敗不失爲進身階，故接踵走死地如鶩。非性不善，習見誤之耳。往歲獲亂人，問：『何爲叛』？對曰：『我非叛，諸公何過讞張』？復問：『印劄有據，非叛而何』？對曰：『冀投誠圖出身耳』。〔註39〕

對這令「聞者絕倒」〔註40〕的心態，郁氏是能清楚地解析，「鄭氏方猖，有來

〔註36〕清・郁永河《裨海紀遊》，頁30。
〔註37〕清・郁永河《裨海紀遊》，頁11～12。
〔註38〕清・郁永河《裨海紀遊》，頁31。
〔註39〕清・郁永河《裨海紀遊》，頁32。
〔註40〕清・郁永河《裨海紀遊》，頁32。

歸者，廟謨不惜一官畀之；不若是，不足解其黨。御亂有術，因時制宜。今鄭氏反正，薄海又安，盜弄潢池，有戮無宥，寧與前此同日語乎？」但人民是可以不知道當初清政府對鄭氏遺民的政策確立，有其一定的時代背景和需求，所以「因時制宜」是就統治者的角度來看，台灣對移民來說，是雙手拓荒的地方，爲個人本位的新天地，清政府對鄭氏遺民的撫治政策，日後自然造成部分台灣居民「起叛投誠」的觀念，這恐怕是統治者始料未及的情形。

第四節　對平埔族受漢人壓迫的觀察

一、土官制度

關於土官，郁氏他曾說道：

> 社有小大，户口有眾寡，皆推一二人爲土官。其居室、飲食、力作，皆與眾等，無一毫加於眾番；不似滇廣土官，徵賦稅，操殺奪，擁兵自衛者比。〔註41〕

土官僅具有統率服務之任務與地位，在日常生活上，與社眾並無異，而且對社眾並無徵貢的權利，所以土官談不上是各社的眞正統治者，僅僅具有方便清政府統理的名義領導者地位。雖然土官並無實權，清政府對土官的設置還是採用「眾建」的方式，而清朝統治者所以眾設土官的居心，《諸羅縣志》很坦誠地招供「有大土官、副土官名目，使不相統攝以分其權，且易爲制」〔註42〕。且在漢人社會制度投射的結果，造成土官變爲是平埔族裡的貴族階層，土官只和土官通婚的現象，「土官彼此結姻，不與眾番婚娶。」〔註43〕，如果「土官故，無論男女總以長者承嗣；長男則娶婦，長女則贅婿，家業盡付之，甥即爲孫，以衍後嗣」〔註44〕，土官成了由長者繼任的世襲制。就清政府對台灣平埔族統治的實施中，土官原可以是最能爲平埔族人爭取權利義務的角色，但卻由於土官權限僅在約束番眾，辦理力役、賦稅外，並無實權，失去一個反應平埔族人心聲的契機，當然這點也深受清政府防台心態的影響，但對於平埔族人來說，畢竟是件遺憾的事實。

〔註41〕清・郁永河《裨海紀遊》，頁36。
〔註42〕清・周鍾瑄《諸羅縣志》，頁168。
〔註43〕清・黃叔璥《臺海使槎錄》，頁154。
〔註44〕清・黃叔璥《臺海使槎錄》，頁154。

　　土官制度所產生的負面影響，是使得平埔族群間的原始民主制無法存在，因為他們經歷荷蘭、鄭氏、清政府之後，統治政權在平埔族群村社之上增加無數的階層制，如果希望恢復原來所享有的平等，是絕對不可能。關於此點，杜正勝在書寫外力入侵與平埔社會的變化時，也有類似的論述，他寫到平埔族的原始民主制是建立在極初階的社群結構上的，陳第〈東番記〉所謂「種類甚蕃，別為社」，社與社之間也不相連屬。誠如荷蘭長官 Coyett 說的：「這個地方，很奇怪地從未有過統治全島的王、首長或領袖，而被分為許多部落，各部落有自己的領域，不承認其他的權力」。清人即利用平埔族群獨立性的傳統而進行分化統治，眾多無權的土官和各自分立的社群，頭上卻頂著一個世界上最悠久的獨裁帝國，傳統的原始民主制度自然沒有生存的餘地〔註45〕。

二、贌社制度

　　贌社制度，即是郁氏「包社之法」〔註46〕，社商由有財力者認辦社課者，社商、通事對社眾的剝削侵凌已見於荷治及鄭氏時期，清初沿襲，社商和通事狼狽為奸，「使居社中，凡番人一粒一毫，皆有籍稽之」〔註47〕，社商暴虐情形尤甚往昔，「欺番人愚，朘削無厭，視所有不異己物；平時事無巨細，悉呼番人男婦孩稚，供役其室無虛日。且皆納番婦為妻妾，有求必與，有過必撻，而番人不甚怨之」〔註48〕。

　　不論荷蘭、鄭氏或清政府，社商既然替平埔族繳納村社稅給政府，他獲得的回報則是控制該社狩獵所得且具有經濟價值的物品，即鹿皮、鹿脯等的買賣專利，同時也控制對該社所需貨物的販賣特權。社商所擁有的這些物品都是屬於高價值的，郁氏曾說：「射得麇鹿，盡取其肉為脯，并收其皮。日本人甚需鹿皮，有賈舶收買；脯以鬻漳郡人，二者輸賦有餘」〔註49〕，可見社商從中獲利不菲；但是相對地，社眾在經過社商的剝削之後，他們所能得到卻少得可憐，狩獵到的鹿，交付給社商充賦，剩餘的鹿頭和鹿腸因為沒有利用價值，才得以拿回家與自己的妻兒共享，郁氏有首竹枝詞便是描寫這樣的

〔註45〕　參見杜正勝〈《番社采風圖》題解——以臺灣歷史初期平埔族之社會文化為中心（五）〉《大陸雜誌》九十六卷五期，頁9～10。
〔註46〕　清・郁永河《裨海紀遊》，頁36。
〔註47〕　清・郁永河《裨海紀遊》，頁36。
〔註48〕　清・郁永河《裨海紀遊》，頁36。
〔註49〕　清・郁永河《裨海紀遊》，頁36。

事實，「竹弓楛矢赴鹿場，射得鹿來交社商；家家婦子門前盼，飽惟餘瀝是頭腸」〔註50〕。

其實說穿了社商只不過是清政府特准其在番社間進行交易的人，與官契約，承攬社餉，不是番社所雇用，也不是官職差役。惟實際上對社眾有支配力，從番社方面觀之，社商係代番社納課之人；詳言之，番社欠社商的債，因而番社生產物被社商收奪，或以廉價被收買。社商是清楚社眾對賦稅等事務的不了解，為所欲為，極盡所能榨取社眾的一分一毫，直到康熙五十六年（1717），以社商包攬社課舊制，積弊已深，為使社眾能從困境中離開，於是清政府將社商禁革，而歸由通事兼辦，但這仍只是換湯不換藥，並非治本之道，落入通事之手，社眾的處境仍是有苦難言。

三、通事制度

郁氏對通事他們的手段和存在的緣由了解得很透徹，他說：「此輩正利番人之愚，又甚欲番人之貧：愚則不識不知，攫奪惟意；貧則易於迫挾，力不敢抗。匪特不教之，且時時誘陷之」〔註51〕，遑論善盡教化之責，通事竟利用社眾和統治者間的文字阻隔、語言不通，又不習法規的莫可奈何狀況下，在社眾訴願訟冤中顛倒黑白：

> 即有以冤訴者，而番語侏離，不能達情，聽訟者仍問之通事，通事顛倒是非以對，番人反受呵譴；通事又告之曰：『縣官以爾違通事夥長言，故怒責爾』。於是番人益畏社棍，事之不啻帝天。其情至於無告，而上之人無由知。〔註52〕

連郁氏在台亦受通事所累，所以對於此輩郁氏是忿忿難平，著墨許多，「為日既久，熟識番情，復解番語，父死子繼，流毒無已」〔註53〕，描寫通事可惡如同社會流毒；「此輩雖死不移」〔註54〕，諷刺通事對社眾永無止盡的欺凌和至死不移的貪婪。由於郁氏深受其苦，所以氣憤地說：「一二社棍，又百計暗撓之」，以「社棍」貶稱之，我們可以設想郁氏感受尚且如此，那麼社眾生計日絀之況，可想見一斑。

〔註50〕 清‧郁永河《裨海紀遊》，頁44。
〔註51〕 清‧郁永河《裨海紀遊》，頁37。
〔註52〕 清‧郁永河《裨海紀遊》，頁37。
〔註53〕 清‧郁永河《裨海紀遊》，頁37。
〔註54〕 清‧郁永河《裨海紀遊》，頁37。

在社商於康熙末年被禁革，通事更加肆無忌憚，後來演變爲造成社眾有苦痛啞的始作俑者，人的忍耐是有限度的，日子一久，種種積壓，社眾在忍無可忍的狀況下，小小的導火線就極易引爆、擦槍走火，光是康熙一朝即因通事暴虐而引起兩次的武力抗爭〔註55〕。但通事係清政府統治工具，因此其幾與清治台灣時期相始終，清政府豈會不知社眾的困境，及不公平的欺壓所造成「官逼民反」的事實，但是每每在「以夷制夷」的政策護航之下過關，且台灣地處偏遠，眞所謂「天高皇帝遠」，清朝統治政權未曾眞正認同這塊土地，還是以往一派天朝自居，對台灣有太多的理所當然，使得台灣和殖民地並無兩樣，甚至連形式上的起碼尊重都無法獲得，台灣簡直是要比殖民地還要不如。

四、賦役繁重

且平埔族徭役，不限於官府，像郁氏來台灣採硫磺，沒有正式官銜，但所受待遇也如官員，他從台南出發，「乘笨車就道，隨行給役者凡五十五人。經過番社即易車，車以黃犢駕，而令土番爲御」〔註56〕，一路北上，各番社就像古代的驛站。苛重的番餉及勞役，清治時期是「襄鄭氏於諸番徭賦頗重，我朝因之」〔註57〕，社眾除了是土地所有權漸漸喪失，許多不合理的要求依然存在，清政府稅賦的複雜，以及地方官員對社眾的需索，皆是經濟上的過分擾民，嚴重的程度，連少數有良心的官員也會挺身爲台灣雜亂無章的賦稅建言：

> 納土以來，仍循舊例。今諸邑社餉縱難全豁，似當酌減十分之三；俟建城垣之後，再議履畝定稅，或議照丁輸稅之法。其鳳邑八社丁米，教冊、壯、少諸番，似宜一例通行徵米一石；其番婦之米，似應全豁。再若土番之外，臺、鳳、諸三縣罟、罾、罛、綱有稅，漁

〔註55〕一、吞霄社之役：「三十八年春二月，吞霄土官卓个、卓霧、亞生作亂。……初，通事黃申贌社於吞霄，征派無虛日；社番苦之。土官卓个、卓霧、亞生驚而駭，陰謀作亂。……是役也，勞師七閱月，官軍被瘴毒死者數百人。」清·周鍾瑄《諸羅縣志》，頁279。二、北投社之役：「夏五月，淡水土官冰冷殺主賬金賢等。秋七月，水師襲執冰冷。……冰冷者，淡水內北投土官麻豆即吼番之婚姻也。麻里即吼有女字主賬金賢，賢將娶之。其父憐女之幼也，弗與；告賢曰：『俟長以歸汝』。賢紡丈人於樹而撻之」清·周鍾瑄《諸羅縣志》，頁279～280，但此役在沒有眞正起事前，便被清兵以夷制夷之法撲滅了。

〔註56〕清·郁永河《裨海紀遊》，頁17。

〔註57〕清·郁永河《裨海紀遊》，頁36。

> 船、楱頭有稅，二十一港又有港稅，均循舊例重複征輸；亦有不可
> 不為酌減去留者。在當日平定之初，章程草創，或未及詳；苟有利
> 於民生，聖德如天，非有靳也。〔註58〕

可惜建言盡付之於流水，《臺海使槎錄》也說：「出草秋深盡夏初，刉蹄剖腹外無餘；當官已報社商革，五穀雞豚一一書」〔註 59〕，清政府治理台灣如此這般的蕭規曹隨，無疑是上層統治者不假思索的結果，無心於將台灣視為地方好好經營，而僅是食之無味、棄之可惜的貪婪而已，這是生活在當時人的悲哀。當時的中國官僚占盡平埔族的便宜，卻又賣乖地製造出一套讓自己心安理得的說辭，基本上他們是不把平埔族當人的，郁氏就曾批評中國官僚道：

> 乃以其異類且歧視之。見其無衣，曰：「是不知寒」；見其雨行露宿，
> 曰：「被不致疾」；見其負重馳遠，曰：「若本耐勞」。〔註60〕

對此郁氏早有感慨，平埔族也是人啊！其肢體皮骨，何莫非人？牛馬過度驅使將且致疾，何況是人呢！如果他們有布帛當亦重衣，無所謂不畏寒；如果沒有雜徭，也會在家享受安逸，非他們性喜奔波。「夫樂飽暖而苦飢寒，厭勞役而安逸豫，人之性也，異其人，何必異其性」〔註 61〕，郁氏雖不免把平埔族當做另類之人，只是不把他們當做異於人的動物而已；但相較於傳統漢人的沒看見有人的說法，郁氏則是通達許多。《臺海使槎錄》裡記載過這一段文字，「余巡視南北兩路，概不令任諸力役。惟過濁水、虎尾、大肚，溪深水漲，用五、六人擎扶笋輿，犒以錢煙；假宿社寮，及兵弁輿從栖止處，悉酬以煙布；諸羅驪甚，謂為從來未有」〔註 62〕，顯示出連社眾們也被制約成服勞役是應然的，如果偶然獲得些物質上回饋，就顯得受寵若驚，十分訝異「義務下的意外之喜」。

五、同化運動

對統治者同化運動的支持，郁氏採硫行所見所聞，使得他對於台灣有另一番觀點，當他途經「雖皆番居，然嘉木陰森，屋宇完潔，不減內地村落」

〔註58〕 清‧高拱乾《臺灣府志》，頁 161～162。
〔註59〕 清‧黃叔璥《臺海使槎錄》，頁 176。
〔註60〕 清‧郁永河《裨海紀遊》，頁 38。
〔註61〕 清‧郁永河《裨海紀遊》，頁 38。
〔註62〕 清‧黃叔璥《臺海使槎錄》，頁 166。

〔註63〕的諸羅縣新港社、嘉溜灣社、麻豆社三大社時說：「『孰謂番人陋？人言甯足信乎』？顧君曰：『新港、嘉溜灣、毆王、麻豆，於僞鄭時爲四大社，令其子弟能就鄉塾讀書者，蠲其徭役，以漸化之。四社番亦知勤稼穡，務蓄積，比戶殷富；又近郡治，習見城市居處禮讓，故其俗於諸社爲優」〔註64〕，郁氏震撼於此，致使他思考社眾可受教育？如何教育？而他提出「欲化番人」〔註65〕的看法：

> 余謂欲化番人，必如周之分封同姓及世卿采地，子孫世守；或如唐
> 韋、宋張詠之治蜀，久任數十年，不責旦暮之效然後可。〔註66〕

郁氏假設原住民族接受漢化可行的立足點在於「人固不可以常俗限」〔註67〕，且他已看出「古代吳（江蘇南部）、越（浙江）、閩（福建）都是斷髮紋身的地區，經過長期『教化』，而成爲『人文淵藪』。」〔註68〕使他堅定相信禮樂教化，可以潛移默化，教化一事全「是在上之人鼓舞而化導之」〔註69〕，端看執政者願意用心與否，他更明白指出可採行的方法，就是以分封之制讓社眾自己監管當地，以免因隔閡導致社眾受害。以今天的眼光檢視，面對台灣平埔族文化之所以消失，外來統治者一味以強勢文化來逼迫，尤其是歷代中國統治者慣以宗法禮教與封建倫理來達到教化的目標，所以我們對於郁氏的觀念，也只能「可惜郁氏所關心不是如何鬆綁他們的枷鎖，而是強調以傳統儒教如何去教化、同化他們」〔註70〕。

〔註63〕 清・郁永河《裨海紀遊》，頁17。
〔註64〕 清・郁永河《裨海紀遊》，頁17～18。
〔註65〕 清・郁永河《裨海紀遊》，頁37。
〔註66〕 清・郁永河《裨海紀遊》，頁37。
〔註67〕 清・郁永河《裨海紀遊》，頁37。
〔註68〕 莊萬壽〈台灣平埔族的儒化〉第一屆台灣儒學研究國際學術研討會抽印本，頁159。
〔註69〕 清・郁永河《裨海紀遊》，頁37。
〔註70〕 莊萬壽〈台灣平埔族的儒化〉第一屆台灣儒學研究國際學術研討會抽印本，頁158。

第五章　《裨海紀遊》對平埔族
物質文化陳述之解析

　　面對台灣日漸消失的平埔族群，具體文物的保留，格外深具意義，這是平埔族曾經存在的歷史痕跡，也不斷提醒族群消失的可能和可悲，因此，企圖建構平埔族們原始的社會生活時，藉由認識此一族群的食、衣、住、行，乃至娛樂的工具，是一個重要必備的基礎。

第一節　飲食

一、米食

　　到了康熙年間，平埔族多以米為主食，以黍、稷、菽、薯芋等為副食，郁氏說：「地產五穀，番人惟食稻、黍與稷，都不食麥」〔註1〕，另外則是多種植芝麻。而在明·陳第〈東番記〉時所見的台灣平埔族並沒有水田，他說：「穀有大小豆、有胡麻，又有薏仁，食之已瘴癘；無麥。蔬有蔥、有薑、有番薯、有蹲鴟，無他菜」〔註2〕。直到荷治時期前後，西拉雅族大概便改以稻米為主食了，《巴達維亞日記》在1624年二月有云：「彼等居家對於飲食，甚為節制，除以米煮飯外，不食他物」〔註3〕。

　　以種植稻米來說，尤其應當注意的是，臺灣、諸羅、鳳山三縣的自然條

〔註1〕清·郁永河《裨海紀遊》，頁35。
〔註2〕清·沈有容《閩海贈言》，頁26。
〔註3〕村上直次郎《巴達維亞城日記（第一冊）》，頁32。

件必有所差異，因此，稻米的生產也會有不同的情形：

> 三縣皆稱沃壤，水土各殊。臺縣俱種晚稻。諸羅地廣，及鳳山澹水
> 等社近水陂田，可種早稻；然必晚稻豐稔，始稱大有之年；千倉萬
> 箱，不但本郡足食，並可資贍內地。〔註4〕

可知在臺灣縣皆種植晚稻，而諸羅、鳳山兩縣則早晚稻都可生產，所產的米糧不僅供台灣居民食用，且有餘力運往中國大陸，以解決部分居民的困窘。從清代初期稻與小米種植的地域分佈可以看出來，在南部與外人接觸較早者多已種植稻，但在北部道卡斯、凱達加蘭等族在清初尚以小米爲主要穀類。「番地少播秔稻，多種黍、芝麻，飯皆黍米」〔註5〕，其居於中間的中部諸族，則是稻米與小米同時種植，「糯少則兼食黍米」〔註6〕。另一值得注意的地方，即平埔各族仍以黍收成後舉行祭祀，所謂的「每年以黍熟時爲節」〔註7〕，黍與宗教祭儀相關聯，可見黍在平埔族中應爲較原始之作物。

二、肉類

（一）醃製肉

獸肉與魚類亦是平埔各族所喜於食用的，他們雖常吃新鮮的魚、肉，但他們更喜歡把魚肉用鹽醃製，經一二年後魚肉均已腐爛生蛆而取食之；荷蘭傳教士 Candidius 談到西拉雅族人「他們把魚類看成是僅次於稻米的最重要的食物。他們把魚連魚鱗帶內臟用鹽醃漬。保存一段時日後，連同腐臭的東西全部被吃掉。當醃魚自甕中取出時，實在很難分辨什麼是魚什麼是蛆或小蟲，可是居民卻以爲味道更甘美可口」〔註8〕；《諸羅縣志》「鳥獸之肉，傅諸火，帶血而食。糜鹿刺其喉，吮生血至盡，乃剝腹；草將化者綠如苔，置鹽少許，醃即食之；但不茹毛耳。」〔註9〕《諸羅縣志》「捕小魚，微鹽漬之，令腐；俟蟲生既多，乃食。亦喜作鮓魚，以不剖腹而醃，故速腐。細切鹿肝爲醢，名膏蚌鮭；藏久，云可愈嗓口痢」〔註10〕《諸羅縣志》「魚肉蛆生，氣不可聞，嗜之如飴，群噉

〔註4〕清・黃叔璥《臺海使槎錄》，頁51。
〔註5〕清・黃叔璥《臺海使槎錄》，頁130。
〔註6〕清・黃叔璥《臺海使槎錄》，頁110。
〔註7〕清・黃叔璥《臺海使槎錄》，頁104。
〔註8〕Campbell《FORMOSA UNDER THE DUTCH》，頁11。
〔註9〕清・周鍾瑄《諸羅縣志》，頁158。
〔註10〕清・周鍾瑄《諸羅縣志》，頁158。

立盡」〔註11〕；而黃叔璥《臺海使槎錄》「小魚熟食；大則醃食，不剖魚腹，就魚口納鹽，藏甕中，俟年餘，生食之。」〔註12〕《臺海使槎錄》「半線以北，取海泥鹵曝爲鹽，色黑味苦，名幾魯；以醃魚蝦。」〔註13〕根據以上文獻，可知平埔族除部分族社不食犬、牛外，其餘魚、獸不忌；而生食和鹽醃生食是他們的固有習慣。

（二）鹿

圖三：捕鹿

資料來源：周鍾瑄《諸羅縣志》，頁33。

〔註11〕 清・周鍾瑄《諸羅縣志》，頁159。
〔註12〕 清・黃叔璥《臺海使槎錄》，頁95。
〔註13〕 清・黃叔璥《臺海使槎錄》，頁115。

　　鹿是十七世紀平埔族男子最主要的獵物〔註14〕，明·陳第〈東番記〉「山最宜鹿，麀麀俟俟，千百為群。……居常，禁不許私捕鹿；冬，鹿群出，則約百十人即之，窮追既及，合圍衷之，鏢發命中，獲若丘陵，社社無不飽鹿者。取其餘肉，離而臘之，鹿舌、鹿鞭、鹿筋亦臘，鹿皮角委積充棟」〔註15〕（請參見圖三），幾乎是整頭鹿都有牠的實用價值〔註16〕。

　　至於吃的方式，《巴達維亞城日記》云：「放置至發生酸味，如與生薑及鹽魚共食……又食有臭氣而不堪食之豬肉」〔註17〕，郁氏則說：「山中多麋鹿，射得輒飲其血；肉之生熟不甚較，果腹而已」〔註18〕，生吃鹿肉或製為肉脯是很常見。

　　關於鹿皮的功用，「鹿皮藉地為臥具，遇雨即以覆體。」〔註19〕，《臺海使槎錄》「衣用鹿皮、樹皮，橫聯於身，無袖；間有著布衫者。捕鹿時以鹿皮搭身，皮帽、皮鞋，馳逐荊棘中。」〔註20〕可以當床墊、衣物，甚至在喪俗上「諸親各送青藍布一丈或鹿皮一張」〔註21〕；鹿皮成了商品交易，從中村孝志〈十七世紀台灣鹿皮之出產及其對日貿易〉一文中〔註22〕，可以得知當時由荷蘭船裝載的台灣鹿皮輸出量是極為可觀的。

　　「射得麋鹿，盡取其肉為脯，并收其皮。日本人甚需鹿皮，有賈舶收買；脯以鬻漳郡人，二者輸賦有餘。」〔註23〕但鹿肉與鹿皮，常由社商委同通事坐享其利，對平埔族人進行剝削。陳碧笙曾就獵鹿對十七世紀中葉台灣平埔族社會經濟及其與漢族的關係進行分析〔註24〕，他的立論是以狩獵卻擔負起提供「正常交換的條件」和促進「大規模的社會分工」歷史任務的角度切入，

〔註14〕「番婦耕穫、樵汲，功多於男：唯捕鹿不與焉。」清·周鍾瑄《諸羅縣志》，頁164。
〔註15〕清·沈有容《閩海贈言》，頁26。
〔註16〕了下文所提的鹿肉和鹿皮外，像是鹿角也有其功用，「舍中置鹿頭角；有疾者沐髮，用以擊之即瘥。」清·黃叔璥《臺海使槎錄》，頁105。
〔註17〕村上直次郎《巴達維亞城日記（第一冊）》，頁32。
〔註18〕清·郁永河《裨海紀遊》，頁35。
〔註19〕清·郁永河《裨海紀遊》，頁44。
〔註20〕清·黃叔璥《臺海使槎錄》，頁120。
〔註21〕清·黃叔璥《臺海使槎錄》，頁146。
〔註22〕參見中村孝志《荷蘭時代台灣史研究（上）概說·產業》，頁81～120。
〔註23〕清·郁永河《裨海紀遊》，頁36。
〔註24〕參見陳碧笙〈十七世紀中葉台灣平埔族社會經濟及其與漢族的關係初探〉《社會科學戰線》三期，頁170。

從而整理出兩點心得：其一，它導致了財富的增加和貧富的分化，但卻不導致奴隸的使用；其次，它導致了母權制逐漸向父權制過渡，有時還出現了兩者並存的局面。

鹿，這種大自然中的野生動物，供給台灣的原住民食用本是綽綽有餘，但一旦成為商品經濟的目標，貪婪之性的顯露，將使得單純生活所需，變成漫無限制的捕獵行動，而這又是荷蘭人和漢人介入所造成的影響之一。

三、飲酒文化

（一）酒的釀造

郁氏來台之時，記述平埔族人將一年米食吃用的部分除外，其餘都拿來釀酒，至於他們的釀酒法，郁氏提道：「聚男女老幼共嚼米，納筒中，數日成酒，飲時入清泉和之」〔註25〕，此言「男女老幼共嚼米」，這和一般平埔族人以婦女工作為主的情形不盡相同，從荷治、清初的文獻記載比較，且郁氏的竹枝詞有言：「誰道番姬巧解釀？自將生米嚼成漿」〔註26〕，那麼男女老幼一起嚼米的情形，也許是郁氏偶然所見，是一特例，而非常態，釀酒應仍為平埔族婦女所從事的工作。

自荷治和清初的文獻來了解平埔族人釀酒的方法，Candidius 即曾記錄西拉雅婦女釀酒的方法，「他們取出定量的米，燉過之後揉成糰狀。然後把米粉咀嚼後吐到竹筒裡，一直到有一品托之多。以此做為酵母與米糰揉合，就像我們準備烤麵包的麵糰一樣。之後將米糰放入較大的甕裡，加入水，儲放約兩個月，就會發酵得像桶中的蘋果酒一樣，成為強烈而美味可口的飲料。如酒的強度要增加時就放得久一點，五年、十年、二十年，甚至三十年，則因經過這麼長久的時間，酒就達到最醇美的境界」〔註27〕；《巴達維亞城日記》「對於初至其家者，則將裝入土製壺中以米煮成飲料攜來請其飲之……為男子管理家政之老媼，終夜舂米，煮飲料及作其他工作」〔註28〕，清初治台後，《高志》也說平埔族人「將米置口中嚼爛，藏諸竹筒，不數日而酒熟」〔註29〕，在郁氏之前有關平埔族人釀酒方法的敘述上，顯然都是將米經由咀嚼，一段

〔註25〕清・郁永河《裨海紀遊》，頁 35。
〔註26〕清・郁永河《裨海紀遊》，頁 44。
〔註27〕Campbell《FORMOSA UNDER THE DUTCH》，頁 11。
〔註28〕村上直次郎《巴達維亞城日記（第一冊）》，頁 32～33。
〔註29〕清・高拱乾《臺灣府志》，頁 188。

時間發酵後，便成爲人們的美酒。

其後的《諸羅縣志》對於平埔族釀酒有更清楚的記錄，「朮米……蒸熟拌曲，以簋爲臍，置甕口；糟實其上、液釃於下，封固藏久。貴客至，乃開酌。有陳至數年者，色味香美，雖漢人之重釀無以踰也。番酒惟此最佳」〔註30〕，又說：「搗米成粉，番女嚼米置地，越宿以爲柚，調粉以釀，沃以水，色白，曰姑待酒；味微酸。外出，裹其醅以蕉葉或載於壺盧。途次遇水，灌而酌之，渾如泔」〔註31〕。而黃叔璥則說：「酒有二種：一舂秫米使碎，嚼米爲麴，置地上，隔夜發氣，拌和藏甕中，數日發變，其味甘酸，曰姑待。……一將糯米蒸熟，拌麴，入簋籃，置甕口，津液下滴，藏久，色味香美」〔註32〕，他所述的是大部分平埔族有二種釀酒的方法：一種先由婦女嚼碎糯米使發酵爲麴，然後把舂碎糯米混以麴置於甕中，加以水，經數月或一、二年後即成佳酒；這一種製酒的方法與 Candidius 所述十七世紀初年平埔族的釀酒法相同。另一種以酒　拌飯於簋籃中，而置於甕口，使其津液下垂成酒，六十七的《番社采風圖考》說：「以口嚼生米爲麴，和蒸飯調勻置缸中，蓋以稻穰，弄藏密處；五日掬而嘗之，盎盎然泛齊成矣」〔註33〕，而且這種酒的特性，其色白，味淡，善醉易醒。除此之外，六十七還提到平埔族人在製作麴的時候，口中喃喃作聲，好像有所祝禱的樣子，可見即使是酒的釀造，對於平埔族人也是值得神聖的事，依此也說明了對於原始社會的居民來說，超自然的力量在日常生活當中是無所不在〔註34〕。

（二）豪爽的飲酒文化

郁氏敘述平埔族人不分男女皆嗜好喝酒，只要酒已經釀造完成，就聚集大家坐在草地上，飲酒唱歌跳舞，日以繼夜的暢飲，酒沒有喝完是不會停止的，其有一竹枝詞寫到「種秫秋來甫入場，舉家爲計一年糧；餘皆釀酒呼群輩，共罄平原十日觴」〔註35〕，就是在描寫這種情況，大夥喝酒歡樂的景象。

在郁氏之前，明·陳第〈東番記〉「採苦草，雜米釀，間有佳者，豪飲能一斗。時燕會，則置大罍團坐，各酌以竹筒，不設肴；樂起跳舞，口亦烏烏

〔註30〕 清·周鍾瑄《諸羅縣志》，頁157～158。
〔註31〕 清·周鍾瑄《諸羅縣志》，頁158。
〔註32〕 清·黃叔璥《臺海使槎錄》，頁95。
〔註33〕 清·六十七《番社采風圖考》，頁4。
〔註34〕 有關超自然力量對平埔族人的影響，可參見本文第五章第四節的部分。
〔註35〕 清·郁永河《裨海紀遊》，頁45。

若歌曲。」〔註36〕《巴達維亞城日記》「外國人或友人來訪彼等時，其最厚之招待爲帶至婦人住居處……對於初至其家者，則將裝入土製壺中以米煮成飲料攜來請其飲之，其味稍異於乳酸漿，時亦有似豬肉湯類，而不適於飲用，……然必勸請食用不已」〔註37〕；清初《蔣志》「人至其家，出酒相敬，先嘗而後進」〔註38〕，《高志》「客至，出以相敬；必先嘗而後進。」〔註39〕。

其後《諸羅縣志》亦云：「客至，出酒以敬，先嘗而後進；香鑪、瓷餅悉爲樽罍。檳榔熟，則送檳榔；必采諸園，不以越宿者餉客」〔註40〕，《番社采風圖考》也說：「農事既畢，各番互相邀飲；必令酒多，不拘肴核。男女雜坐謼呼；其最相親愛者，亞肩並脣，取酒從上瀉下，雙入於口，傾流滿地，以爲快樂。若漢人闌入，便拉同飲，不醉不止」〔註41〕，可知，平埔族的生活幾乎離不開酒，而且他們是一個隨性自然、好客熱情的民族。

除了喝酒豪邁之外，郁氏他還提到：

> 客至，番婦傾筒中酒見嘗，然後進客，客飲盡則喜，否則慍；慍客或憎之也，又呼其鄰婦，各衣毯衣，爲聯袂之歌以侑觴，客或狎之，亦不怒。其夫見婦爲客狎，喜甚，謂己妻實都，故唐人悅之（海外皆稱中國爲大唐，稱中國人爲唐人）。若其同類爲奸，則挾弓矢偵奸人射殺之，而不懟其婦。〔註42〕

此處記述若是漢人造訪，平埔族人便會請其族婦女陪伴在側，並對漢人親近婦女且不守禮貌的戲弄，表示不以爲意，甚至是高興客人能因此而心生歡喜。針對這一種不合常理的情形，可能的解釋有二：其一，可以說是平埔族人表現好客的熱情；其二，則是平埔族人爲了取悅統治者。後者的可能性較高，郁氏也說：「若其同類爲奸，則挾弓矢偵奸人射殺之」〔註43〕，可見得如果自己的妻子和族人狎戲，會因氣憤至極進而殺人，因此若不是需要取悅於統治者，由此更進一步透露出平埔族人在外來統治之下所犧牲的情感和自尊。

〔註36〕 清・沈有容《閩海贈言》，頁25。
〔註37〕 村上直次郎《巴達維亞城日記（第一冊）》，頁32～33。
〔註38〕 清・蔣毓英《臺灣府志》，頁61。
〔註39〕 清・高拱乾《臺灣府志》，頁188。
〔註40〕 清・周鍾瑄《諸羅縣志》，頁164。
〔註41〕 清・六十七《番社采風圖考》，頁14。
〔註42〕 清・郁永河《裨海紀遊》，頁35。
〔註43〕 清・郁永河《裨海紀遊》，頁35。

第二節　衣飾

一、衣服

郁氏對於平埔族的衣服也有記錄：

男女夏則裸體，惟私處圍三尺布；冬寒以番毯為單衣，毯緝樹皮太毛為之。亦有用麻者，厚可一錢，兩幅連綴，不開領胵，衣時以頭貫之，仍露其臂；又有袒挂一臂，及兩幅左古互袒者。婦人衣以一幅雙疊，縫其兩腋，僅蔽胸背；別以一副縫其兩端以受臂，而橫擔肩上。〔註44〕

圖四：衣服

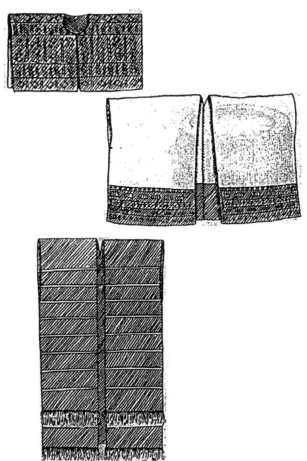

資料來源：李亦園《臺灣土著民族的社會與文化》，頁 24。

――――――――

〔註44〕清・郁永河《裨海紀遊》，頁 33～34。

平埔族衣服的形制，只利用布的幅度簡單縫綴。而明·陳第的〈東番記〉「不冠不履，裸以出入，自以爲簡云」〔註45〕；「地暖，多夏不衣，婦女結草裙，微蔽下體而已」〔註46〕。《巴達維亞城日記》「彼等裸體步行而羞恥，婦女比較男子略知羞恥，在其私處遮以二十公分之圍腰布或『利連』之小布」〔註47〕。《高志》「男女皆跣足裸體，上衣短衫，以幅布圍其下體」〔註48〕。《諸羅縣志》「布二幅縫其半於背左右，及腋而止餘許垂肩及臂，無袖」〔註49〕。因此，二幅縫合的簡單形制可能是較早的，此種衣服的形制我們可以從二十世紀三〇年代民族學家在埔里採集的標本中，依然可見對襟、無袖、無扣、無領的式樣對照（請參見圖四）。

另外，郁氏所說的「上衣覆乳露腹；中衣橫裹，僅掩私，不及膝；足不知履以烏布圍股；一身凡三截，各不相屬」〔註50〕，這指的婦人的衣服，不及男子。稍早的《蔣志》則說，平埔族「男、婦皆跣足，不穿褲，上衣短衫，以幅布圍其下體；番婦則以布裹其脛」〔註51〕，同時代的林謙光所著《臺灣紀略》亦然。一直到康熙五十六（1717）左右，由於漢化漸深，在《諸羅縣志》中已有「數年來，新港、蕭壠、麻豆、目加溜灣諸番衣褲，半如漢人；冬裝棉」〔註52〕的記載。

地球上一些處於熱帶或亞熱帶氣候區的原始社會居民，「赤身裸體」〔註53〕對他們來說是一種常態，郁氏竹枝詞亦云：「生來曾不識衣衫，裸體年年耐歲寒；犢鼻也知難免俗，烏青三尺是圍闌」〔註54〕，在這種環境出生的原住民，酷熱的天氣經常使他們沒有穿衣保暖的必要。在原始社會中，舉凡生老病死、衣食住行都和他們的原始信仰息息相關，劉其偉曾在其著作中，記述一段有關南非 Swaziland 山區土著的一種特殊風尚並加以說明，原來 Swaziland 山區的土著們使用一種圓形的乾瓜果，套在龜頭上中生殖器帽（penis-cap），劉其偉

〔註45〕清·沈有容《閩海贈言》，頁 27。
〔註46〕清·沈有容《閩海贈言》，頁 25。
〔註47〕村上直次郎《巴達維亞城日記（第一冊）》，頁 32。
〔註48〕清·高拱乾《臺灣府志》，頁 187。
〔註49〕清·周鍾瑄《諸羅縣志》，頁 156。
〔註50〕清·郁永河《裨海紀遊》，頁 34。
〔註51〕清·蔣毓英《臺灣府志》，頁 60。
〔註52〕清·周鍾瑄《諸羅縣志》，頁 156。
〔註53〕有關「赤身裸體」的論述，請參閱本文第五章第四節的部分。
〔註54〕清·郁永河《裨海紀遊》，頁 42。

說：「類似這種的風尚，有謂是為避免在密林被枝葉刺傷或因羞恥的一種穿著，事實上並非如此，而是為了避免觸怒精靈與引起祂的妒嫉才加以掩蔽的。這種穿著手段，實完全出自信仰，與羞恥或裝飾無關。」〔註55〕又說：「根據既往許多田野調查，學者們均認為在原始社會中對美的意識，並非因裝飾或衣著而來，實際上最初乃因信仰而起，而後因習慣上感到愉快，最後，它就漸次變成的美的意識了」〔註56〕，因此當我們企圖對平埔族的衣服穿著做解釋時，若硬是以知羞恥來理解，恐怕反而與真實背道而馳。

二、佩飾

至於平埔族的佩飾方面，郁氏則說：「項間螺貝纍纍，盤繞數匝，五色陸離，都成光怪」〔註57〕，身上佩飾之多，郁氏還以此為題材創作出一首竹枝詞：「鑢具雕螺各盡功，陸離斑駁碧兼紅；番兒項下重重遶，客至疑過繡領宮。」〔註58〕稍早的《蔣志》也說平埔族人：「多以鐵鐲環臂，以示壯觀」〔註59〕，《高志》亦云：「手帶鐲，或銅、或鐵所鑄，多者至數十雙；且有以鳥翅垂於肩、以貝懸於項而相誇為美觀者」〔註60〕；由清初記載可知平埔族女子常佩掛玻璃珠或貝製項鍊，並以貝鐲或銅鐲為手足飾物，其裝飾品的質材以貝、螺、銅、鐵為主（請參見圖五）。

其後的《諸羅縣志》「男女喜以瑪瑙珠及各色贋珠、文具、螺殼、銀牌、紅毛劍錢為飾；各貫而加諸項，纍纍若瓔珞。」〔註61〕黃叔璥《臺海使槎錄》云：「頸掛銀錢、約指、螺貝及紅毛錢」〔註62〕，項飾大概以螺貝為主，但也有珠子；這種珠可能就是《諸羅縣志》說的各色贋珠。還有瑪瑙項珠，明・陳第〈東番記〉〔註63〕曾經提及漳、泉之民嘗以瑪瑙交易平埔族的鹿脯皮角，所以瑪瑙、贋珠應是外地輸入的，而螺貝才是土產。

手臂裝飾的環鐲，多是鐵或銅的製品，郁氏他在行經打貓、他里務、柴

〔註55〕 劉其偉《文化人類學》，頁62～63。
〔註56〕 劉其偉《文化人類學》，頁67。
〔註57〕 清・郁永河《裨海紀遊》，頁34。
〔註58〕 清・郁永河《裨海紀遊》，頁43。
〔註59〕 清・蔣毓英《臺灣府志》，頁60。
〔註60〕 清・高拱乾《臺灣府志》，頁187。
〔註61〕 清・周鍾瑄《諸羅縣志》，頁156。
〔註62〕 清・黃叔璥《臺海使槎錄》，頁96。
〔註63〕 參見清・沈有容《閩海贈言》，頁26～27。

里諸社時，看到平埔族人「自腕至肘，纍鐵鐲數十道」〔註64〕，雖然中國古代男子有佩玉的風尚，但這傳統斷絕甚久，尤其銅箍鐵鐲，誠如郁氏竹枝詞說的，在漢人看來儼然是刑徒，無法接受。中國讀書人能想得出來的知識背景只有隋唐佛教繪畫，故郁氏所謂「多少丹青摹變相，畫圖那得似生成」〔註65〕，平埔族的佩飾纍纍若瓔珞，即是一副活生生的變相圖，范咸比作「妙相天魔」〔註66〕，周鍾瑄稱作「羅伽女」〔註67〕，他們都是以佛教藝術所見的印度文化來理解。舉凡人的思維、想像，皆出自個人的生長背景，遇見新的事物，亦會從舊有的印象尋找關聯，但是對新事物的緣故本身，未必是適切的。這也就是為什麼要設身處地的考量，尤其是文化間的差異；為什麼要彼此尊重，因為因差異而有的誤解，隨時可能產生。

圖五：佩飾

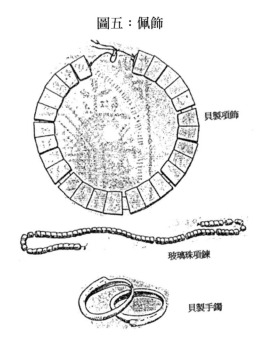

資料來源：李亦園《臺灣土著民族的社會與文化》，頁28。

〔註64〕　清・郁永河《裨海紀遊》，頁18。

〔註65〕　清・郁永河《裨海紀遊》，頁43。

〔註66〕　「妙相天魔學舞成，垂肩瓔珞太憨生；分明即是西番曲，齊唱多羅作梵聲。」陳漢光《臺灣詩錄（上）》，頁326。

〔註67〕　「野氣森森欲曙天，維摩新病未成眠；空餘無限羅伽女，亂把天花散舞筵。」陳漢光《臺灣詩錄（上）》，頁188。

第三節　居處

　　明‧陳第的〈東番記〉「伐木搆屋，茨以茅，廣長數雉」〔註68〕，敘述雖簡略，陳第仍是最早注意到平埔族住的情形。荷籍傳教士 Candidius 對台灣原住民的住屋則給予肯定，「福爾摩沙人有高大美麗的房子。我有自信說在整個印度區沒有比這更精緻、美觀的房子」〔註69〕，關於平埔族房屋的特色，其地板皆高出地面，而可分為兩種：一為土臺，建於封土臺基之上，一是干闌，搭在木構支架上。

一、土臺

　　土臺的做法，在《裨海紀遊》中有段說明：

> 番室倣龜殼為制，築土基三五尺，立棟其上，覆以茅，茅簷深遠，垂地過土基方丈，雨暘不得侵。其下可舂可炊，可坐可臥，以貯笨車、網罟、農具、雞栖、豚柵，無不宜。〔註70〕

關於土臺式的住屋建築，郁氏之前便有記載，Candidius 他說：「所有的房子都建在台基上，台基以泥土構成，其差不多有一個人的高度」〔註71〕，《巴達維亞城日記》「彼等所住房屋，離地面五、六呎，以該地多出產之竹材築造，外觀頗美……彼等住屋內宛如倉庫空虛，無家具，除敵人首級及骸骨外，一無所有」〔註72〕，《蔣志》也說：「番屋高地五六尺，以木梯之而上」〔註73〕，

　　康熙二十四年（1685），林謙光的《臺灣紀略》「番屋，高地四、五尺。深狹如舟形，前後無所間，梁柱皆畫五采。時刻灑掃，地無點塵。屋後多植椰樹、修竹，暑氣不能入」〔註74〕，特別是平埔族人亦會注意屋內的打掃，絕對不是刻板印象中的骯髒污穢不堪。郁氏行經落後的牛罵社時，因「社屋隘甚，值雨過，殊溼」〔註75〕，所以「假番室牖外設榻，緣梯而登，雖無門闌，喜其高潔」〔註76〕，這種在階梯之上的門前處，乾隆十年（1745）任巡

〔註68〕清‧沈有容《閩海贈言》，頁25。
〔註69〕Campbell《FORMOSA UNDER THE DUTCH》，頁21。
〔註70〕清‧郁永河《裨海紀遊》，頁34～35。
〔註71〕Campbell《FORMOSA UNDER THE DUTCH》，頁21。
〔註72〕村上直次郎《巴達維亞城日記（第一冊）》，頁34。
〔註73〕清‧蔣毓英《臺灣府志》，頁61。
〔註74〕清‧林謙光《臺灣紀略》，頁62。
〔註75〕清‧郁永河《裨海紀遊》，頁19。
〔註76〕清‧郁永河《裨海紀遊》，頁19。

臺御史的范咸〈三疊臺江雜詠〉即有「改歲無從問落黃，于茅添竹結莎廳；矮牆漏日虛窗白，叢樹連陰曲檻青」，反應出在夏秋霪雨的台灣，平埔族房屋的梯上門前，設榻坐臥其上，的確使人涼爽舒服（請參見圖六）。

圖六：住屋

資料來源：王雅倫《法國珍藏早期台灣影像》，頁54。

　　土臺前沿突出高架的竹片地板，有一丈之地，故其下可以勞作休閒，又當做儲藏室或豢養禽畜的地方；黃叔璥的《臺海使槎錄》也有類似的記載：「自新港、蕭壠、麻豆、大武郡、南社、灣裡以至東螺、西螺、馬芝遴，填土為基，高可五、六尺；編竹為壁，上覆以茅。茆簷深邃垂地，過土基方丈，雨暘不得侵；其下可舂，可炊，可坐，可臥，以貯笨車、網罟，雞塒、豕欄。架梯入室，極高聳宏敞，門繪紅毛人像。他里霧、斗六門，亦填基為屋，較此則卑狹矣」〔註77〕。更進一步探討，將《裨海紀遊》和《臺海使槎錄》有關土臺式的建築記載對照印證，則可推測郁氏所形容的應是南部的西拉雅族（Siraya）、安雅（Hoanya）等族，主要包括今天的屏東、高雄、台南、嘉義、雲林、彰化地區。

〔註77〕清・黃叔璥《臺海使槎錄》，頁103。

乾隆十一年（1746）六十七的《番社采風圖考》「初卜鳥音以擇日，營基高於地五尺，周圍砌以石，中塡土。會集社番，各持畚捐，併力合作，不日而成；勞以酒食，彼此均相助焉」〔註78〕，則表示平埔族人建築屋舍也會先看日子是否適宜動土開工，左鄰右舍，不分彼此，幫忙興建，屋成再以酒食謝謝大家的援手，並不是非要特定木工職業的人才能從事，社眾間是互助自發的團體。而平埔族這種土臺式房屋，亦見於呂宋、太平洋的麥克羅尼西亞（Micronasia）、玻利尼西亞（Polynesia）和夏威夷。

二、干闌

另一種干闌式房屋，見於《諸羅縣志》儲藏穀子的「禾間」。《諸羅縣志》「居室外，結茅爲禾間；番喜禾，故名之也。竹木交加，疊空而起，離地數尺如小樓；貯粟其上，以避蒸溼黴腐。」〔註79〕這種在地面上先架木再構屋的建築不限於小穀倉而已，人居的房屋也有此類型；郁永河故謂其下可貯藏生產工具。《番社采風圖考》亦云：「蓋屋先植棟柱於地，然後削竹爲椽，編茅爲瓦，成圓蓋，會社眾合力擎舉置棟上。前後皆有闥扇，繪雕髹漆，殊炫麗。兩旁皆細竹，編爲花草等紋。外堅密而中無間隔，形勢狹長，遠望有如畫舫焉。」〔註80〕

平埔族的家屋，是以土臺式的房屋居多，但是因地區性自然環境的差異也會有出現不同的情形，李亦園就曾針對平埔各族中因地域不同、材料相異的關係，將其家屋建築大致可分爲三個型式介紹：

> （1）南部西拉雅、和安雅等族的房屋以一高約一公尺餘的土台爲基；在建屋之前，先築土台，然後在四圍編以竹牆，並以茅草爲頂，茅簷低垂至地面。番俗六考北路諸羅番三云：「塡土爲基，高可五六尺；編竹爲壁，上覆以茅茆。簷深邃垂地，過土基方丈，雨暘不得侵其下，可舂可炊，可坐可臥，以貯笨車網罟，雞塒豕欄。架梯入室，極高聳宏敞。門繪紅毛人像。」這一種建築土台上的居屋，與甘爲霖所述新港等八社的居屋相同。上引文最後一句：「門繪紅毛人像」，筆者認爲是平埔各族

〔註78〕清·六十七《番社采風圖考》，頁4。
〔註79〕清·周鍾瑄《諸羅縣志》，頁159。
〔註80〕清·六十七《番社采風圖考》，頁4～5。

　　中常雕刻於木柱或門扉上之高冠盛服人像，而黃叔璥卻誤爲紅
　　毛人像！

（2）中部群平埔族如貓霧捒、巴則海等族之家屋乃屬於日人千千岩
　　助太郎所謂「北叩排灣式」；背山坡築屋，先鏟平基地，作「糞
　　斗形」，後牆在山坡下，前側均以木爲壁。番俗六考北路諸羅
　　番八云：「貓霧捒諸社，鑿山爲壁，壁前用木爲屏，覆以茅草。
　　零星錯落，高不盈丈，門户出入，俯首而行。

（3）北部凱達加蘭諸族的房屋爲典型印度尼亞干欄屋，其屋乃建於
　　木椿上者，番俗六考北路諸羅番十云：「澹水地潮濕，番人作
　　室，結草構成，爲梯以入，鋪木板於地，亦用木板爲屋，如覆
　　舟。」這一種「爲梯以入」的木屋，無疑爲建於椿上之干欄。

　　總上所述，南部地區的房屋多以土臺爲基，屬於地面式的建築；而中部
地區是爲背山式或稱爲是半窯式的住屋；至於北部因多雨潮濕，則爲高架式
或稱椿上住屋。如果以台灣平埔族的建築，和世界其它文明比較，早期台灣
平埔族社會裡，由於他們沒有所謂的權力機構，也沒有祭司階級，我們看不
到任何一項較大的政治性和宗教性建築，不但看不到金字塔，連月神廟也沒
有一點蹤影，絕對不可能有爲了統治者一人，而有勞師動眾的事情發生，這
是一個平等的社會的代表。

第四節　器用

一、炊煮器和食器

　　至於平埔族的炊煮法、炊煮器及食器，Candidius 記述西拉雅人「他們日
常用以準備以及裝食物的器皿以木頭製成，如豬槽之類。飲用的器皿是陶罐
或竹筒，煮東西則用陶罐或壺」〔註81〕。《蔣志》則是「無廚灶，以三足架架
鍋于地，粥以粳米爲之，熱則環向鍋前，各執椰瓢汲食；飯以糯米爲之，熱
則各以手捏團而食」〔註82〕；郁氏則說：「剖瓠截竹，用代陶瓦，可以把酒漿，
可以胹餚饈」〔註83〕，關於平埔族的炊煮器和食器，在台灣大學人類學系藏

〔註81〕Campbell《FORMOSA UNDER THE DUTCH》，頁 21。
〔註82〕清・蔣毓英《臺灣府志》，頁 61。
〔註83〕清・郁永河《裨海紀遊》，頁 35～36。

圖七：煮器和食器

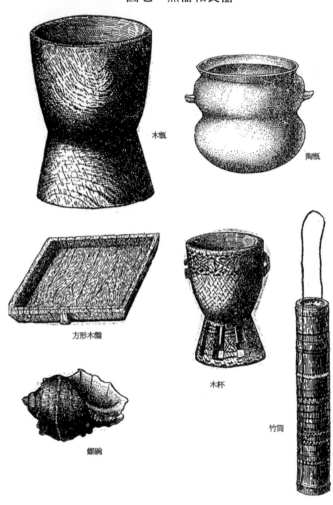

木甑

陶甑

方形木盤

木杯

竹筒

螺碗

資料來源：李亦園《臺灣土著民族的社會與文化》，頁 21～23。

有平埔族使用的陶鍋（即木扣）〔註84〕、葫蘆形雙層陶甑、木甑、各種木盤、木杯、竹杯、竹筒、螺碗〔註85〕等，而且李亦園在〈臺灣平埔族的器用與衣飾〉〔註86〕一文中，述其形制製法甚詳，可供參考（請參見圖七）。

《諸羅縣志》則云：「編竹篾爲甑，米用禾。午餐則早間漬水以俟，實於甑蒸之；粒璀粲如珠，掌團而食。外出，則裹飯腰間。或漬米於青竹筒，刻

〔註84〕 「炊飯用鐵鐺，亦用木扣，陶土爲之，圓底縮口，微有唇起以承甑；以石三塊爲竈，置木扣於上以炊。」清・黃叔璥《臺海使槎錄》，頁 97。

〔註85〕 「螺蛤殼爲椀」。清・黃叔璥《臺海使槎錄》，頁 117。

〔註86〕 李亦園《臺灣土著民族的社會與文化》，頁 1～28。

木取火、燒薪爲炭，置竹筒炭中，頃刻而熟」〔註 87〕，可知，平埔族傳統的炊煮法有煮、蒸兩種；炊煮器則有鍋、釜、竹甑、竹筒、籃筐、箴篝等，大概多以竹木或陶土製成；取食時，除食粥、喝酒用椰瓢、竹瓢汲食外，其餘皆以手抓食，不過亦有用椰椀、螺殼者，後來才向漢人學得使用碗筷。

二、耕種狩獵器具

（一）耕種器具

台灣的原住民他們本來過著粗放的農耕生活和漁獵生活，雖然有很多的土地可用，然而所播種的東西，只能維持生活的最低限度，不肯多種。稻子成熟之後，他們就收起來藏在家裡，到需要時才打下來，在要吃的時候才搗所需要的份量，這種工作是女人的事，她們在晚上持兩三束稻子在火上烘乾，婦女們在天亮之前約兩小時就忙著搗米，預備吃一天，年年都是這樣。他們的生產工具和勞動效率都十分落後，不用馬、牛或犁，也不用鐮刀，而用「小刀似的器具，割取穗部」。

平埔族大部分居住在西部海岸肥沃地域，因此他們很早便從事水田耕作。但在漢人以及荷蘭人未來之前，平埔各族的農業技術尚在原始的狀態中，他們不知用犁或鋤，更不知用牛馬助耕，所用的農具只有極簡單的手鍬；所開墾的土地只限於生活所需，而不知用肥料，故當土地枯竭時，則另墾新地以種植。荷蘭人占領台灣以後，盡力教導平埔族人耕作的方法，如施行耕牛飼養政策，而平埔族人乃多採用牛助耕。

鄭氏入台時，原住民的農業生產技術十分落後，有著灌溉便利的「近水濕田，置之無用」〔註 88〕，「不知犁耙斧□之快，只用手□□鑿」，一甲之園，必一月以上方能耕完。秋收季節，「土民逐穗採拔，不識鉤鐮割穫之便」〔註 89〕，於是楊英建議每社「發農□一名，鐵犁耙鋤各一副，熟牛一頭，使教□牛犁耙之法，□種五穀割穫之方，聚教群習」〔註 90〕，但鄭氏期間，番社的農業生產確實有了進步，原來新港、目加溜灣、蕭壠、麻豆四社眾，還是「計口而種，不貪盈餘」，到了鄭氏後期，「四社番亦知勤稼穡，務蓄積，比戶殷富」，這說明

〔註 87〕 清・周鍾瑄《諸羅縣志》，頁 158。
〔註 88〕 明・楊英《從征實錄》，頁 193。
〔註 89〕 明・楊英《從征實錄》，頁 193。
〔註 90〕 明・楊英《從征實錄》，頁 193～194。

了鄭氏政權的治理，使社眾的農業生產有了很大的改變，富有成效。

（二）狩獵器具

平埔族狩獵的方法包括用陷機、投槍和射箭；捕魚則用網、籠，或用箭射（請參見圖八）。〈東番記〉僅曰：「捕魚則於溪澗」〔註91〕，未記述其如何捕魚；《巴達維亞日記》則云：「魚係婦女於半夜赴河以籠捕之」〔註92〕，《蔣志》「所用標鎗，長五尺許，取物于百步之內，發無不中。弓則曲竹爲之，以麻爲弦箭，鏃長而細，無翎毛。」〔註93〕，郁氏則說：「績麻爲網，屈竹爲弓，以獵以漁」〔註94〕。射魚主要是供給平埔族人自己的食用，《諸羅縣志》則曰：「善射魚；伺巨者仰沫，弋而取之無虛發。近亦效漢人撒手網，作竹罩；大小畢取矣。」〔註95〕《臺海使槎錄》則云：「凡捕魚，於水清處見魚發發，用三叉鏢射之，或手網取之。」〔註96〕《臺海使槎錄》「仰沫巨魚纔躍波，矢無虛發巧如何！於今苦學漢人法，篤筏施罟事轉多。」〔註97〕《番社采風圖考》「社番頗精於射，又善用鏢鎗。上鏃兩刃，桿長四尺餘。十餘步取物如攜。嘗集社眾，操鏢挾矢，循水畔窺遊魚喁呴浮沫或揚鬐曳尾，輒射之，應手而得，無虛發，便生噉之；醃漬，則反取微臭者以爲佳。」〔註98〕射魚該是平埔族人傳統取得魚的方法，而使用竹籠、魚網來捕魚，則是受漢人的影響。

狩獵的動物，特別是「鹿」，由於後來因平埔族人的賦稅壓力，顯得格外的重要，在文獻資料中也能找到較多的描述，〈東番記〉「人精用鏢；鏢竹棅、鐵鏃，長五尺有咫，銛甚；出入攜自隨，試鹿鹿斃、試虎虎斃」〔註99〕，《臺海使槎錄》也說：「捕鹿名曰出草，或鏢、或箭，帶犬追尋。」〔註100〕「鹿場多荒草，高丈餘，一望不知其極。逐鹿因風所向，三面縱火焚燒，前留一面；各番負弓矢、持鏢槊，俟其奔逸，圍繞擒殺。」〔註101〕《臺海使槎錄》「捕鹿弓箭及鏢，俱以竹

〔註91〕 清・沈有容《閩海贈言》，頁 26。
〔註92〕 村上直次郎《巴達維亞城日記（第一冊）》，頁 32。
〔註93〕 清・蔣毓英《臺灣府志》，頁 61。
〔註94〕 清・郁永河《裨海紀遊》，頁 35。
〔註95〕 清・周鍾瑄《諸羅縣志》，頁 171～172。
〔註96〕 清・黃叔璥《臺海使槎錄》，頁 95。
〔註97〕 清・黃叔璥《臺海使槎錄》，頁 176。
〔註98〕 清・六十七《番社采風圖考》，頁 11。
〔註99〕 清・沈有容《閩海贈言》，頁 26。
〔註100〕 清・黃叔璥《臺海使槎錄》，頁 95。
〔註101〕 清・黃叔璥《臺海使槎錄》，頁 166。

為之。弓無弰，背密纏以籐；苧繩為弦，漬以鹿血，堅韌過絲革。射，搭箭於左。箭舌長二寸至四寸不等，傅翎略如漢製，而翦其梢。鏢桿長五尺許，鐵鏃鋒銛長二寸許，有雙鉤，長繩繫之，用時始置箭端。遇鹿麂，一發即及；雖奔逸，而繩掛於樹，終就獲焉。」〔註102〕鏢和弓箭是平埔族人捕鹿的重要工具。

圖八：捕魚

資料來源：周鍾瑄《諸羅縣志》，頁34。

〔註102〕清・黃叔璥《臺海使槎錄》，頁102。

三、交通工具

（一）牛車

平埔族人由於「地不產牛」，本來不知役使野牛，可知牛車不是他們固有的交通工具，但牛車自荷治末期起便已成為平埔族最重要的交通工具，清初《高志》「出入皆乘牛車」〔註103〕，除做為代步工具之外，也用於運輸穀物、食物，甚至還供官方公役之用；郁氏他初來乍到，便是藉由牛車才能登岸，他說：「雪浪排空小艇橫，紅毛城勢獨崢嶸；渡頭更上牛車坐，日暮還過赤崁城」〔註104〕，而他在探硫的這一路上，就是「率平頭數輩，乘笨車就道；隨行給役者凡五十五人，時四月初七日也。經過番社即易車，車以黃犢駕，而令土番為御」〔註105〕。行經中港社午餐休息，又郁氏無意中向社眾詢問有關平埔族馴野牛的記錄：

> 至中港社，午餐。見門外一牛甚腯，囚木籠中，俯首跼足，體不得展；社人謂：『是野牛初就靮，以此馴之』。又云：『前路竹塹、南崁，山中野牛甚多，每出千百為群，土番能生致之，候其馴，用之。今郡中輓車牛，強半是也』。〔註106〕

台灣本地不產馬，加上大陸的馬渡海來台不容易，所以雖然康熙年間清政府在台設兵有萬人之多，但是馬匹不滿千匹，文武各官出入多以牛車代步；又因牛本身吃蔗梢〔註107〕，不需多準備其它的糧食，所以到了「比戶多畜牛」的地步，郁氏就曾說過「牛車挽運百物，月夜車聲不絕」〔註108〕，牛車自然成為平埔族生活中必備的交通工具。

（二）莽葛

莽葛，即平埔族的獨木舟。郁氏描述說：「沙間一舟，獨木鏤成，可容兩人對坐，各操一楫以渡；名曰莽葛」〔註109〕，他還發現平埔族夫婦，會乘著

〔註103〕清・高拱乾《臺灣府志》，頁188。
〔註104〕清・郁永河《裨海紀遊》，頁14。
〔註105〕清・郁永河《裨海紀遊》，頁17。
〔註106〕清・郁永河《裨海紀遊》，頁22。
〔註107〕<臺郡竹枝詞>之一：「蔗田萬頃碧萋萋，一望蘢葱路欲迷；細載都來糖廍裡，只留蔗葉飼群犀。」註中即提及「蔗梢飼牛，牛嗜食之。」清・郁永河《裨海紀遊》，頁14。
〔註108〕清・郁永河《裨海紀遊》，頁14。
〔註109〕清・郁永河《裨海紀遊》，頁23。

莽葛外出射魚，一邊還唱著歌，一整夜的活動，好不愜意，所以郁氏有首竹枝詞：「莽葛元來是小舠，刳將獨木似浮瓢；月明海溢歌如沸，知是番兒夜弄潮」〔註110〕。

爾後，《諸羅縣志》「蟒甲，以獨木為之；大者可容十三、四人，小者三、四人。划雙槳以濟，稍欹側即覆矣……唯雞籠內海，蟒甲最大，可容二十五、六人；於獨木之外，另用藤束板，為幫於船之左右」〔註111〕。這種獨木舟有大有小，或以楫或以槳推進；在北部，甚至是平埔族與漢人間載貨交易的主要交通工具。《諸羅縣志》「各社於夏、秋時，划蟒甲，載土產，順流出近社之旁，與漢人互市。漢人亦用蟒甲載貨以入」〔註112〕，「麻少翁、內北投，隔干豆門巨港，依山阻海，划蟒甲以入。」〔註113〕《番社采風圖考》「彰化水沙連社，背山環水，水廣數里，深不可測。社出苦茗，性極寒。漢人以貨到社交易，番以獨木鑿其中為舟渡之，名曰『艋舺』；然非本社番不能使也」〔註114〕，可見得莽葛的操控並不容易，如果不熟悉方法，極有可能發生意外。

四、樂器

郁氏所說的「吹鼻簫，彈口琴」〔註115〕，係平埔族未婚男子求偶時，挑情的工具之一：

（一）鼻簫

《諸羅縣志》首述其形制「截竹竅孔如鼻，長者可二尺；通小孔於竹節之首，按於鼻橫吹之，曰鼻簫。可配絃索，音節頗似而不揚，當為簫之別調。」〔註116〕《臺海使槎錄》「鼻簫長可二尺，亦有長三尺者；截竹竅四孔，通小孔於竹節之首，用鼻橫吹之，或如簫直吹，名獨薩里」〔註117〕，顧名思義此種樂器需經由鼻子來吹奏。至於它所吹奏出的聲音如何，《臺海使槎錄》說：「配他弦索亦相宜，小孔橫將按鼻吹；引得鳳來交唱後，何殊秦女欲仙時。」

〔註110〕清·郁永河《裨海紀遊》，頁44。
〔註111〕清·周鍾瑄《諸羅縣志》，頁289。
〔註112〕清·周鍾瑄《諸羅縣志》，頁173。
〔註113〕清·周鍾瑄《諸羅縣志》，頁173。
〔註114〕清·六十七《番社采風圖考》，頁17。
〔註115〕清·郁永河《裨海紀遊》，頁34。
〔註116〕清·周鍾瑄《諸羅縣志》，頁161。
〔註117〕清·黃叔璥《臺海使槎錄》，頁106。

〔註118〕六十七亦有詩云：「鼻簫清響遏行雲，有女東牆側耳聞。何必焦桐傳密意，數聲吹出卓文君」〔註119〕，由是可知，鼻簫之音應是清亮動聽，又為平埔男子藉以吸引心儀女子的注意，因其情感投射之故，蜜意濃情是盡在不言中，而於樂聲緩緩流動裡。

（二）口琴

口琴，指的是平埔族人削竹所做的嘴琴。《諸羅縣志》記述有兩種形制的不同，「其一制如小弓，長可尺餘或八、九寸，以絲及木皮之有音者綸為絃；扣於齒，爪其弦以成聲。其一制略以琴形，大如指姆，長可四寸，竅其中二寸許，釘以銅片，另繫一小柄；以手為往復，脣鼓動之，聲出銅片間如切切私語，皆不能遠聞，而纖滑沉蔓，自具一種幽響。」〔註120〕《臺海使槎錄》「製琴四寸截琅玕，薄片青銅竅可彈；一種幽音承齒隙，如聞私語到更闌。」〔註121〕《臺海使槎錄》「亦有不用定聘；薄暮，男女梳妝結髮，徧社戲遊，互以嘴琴挑之，合意遂成夫婦。琴以竹為弓，長可四吋，虛其中二寸許，釘以銅片；另繫一小柄，以手為往復，脣鼓動之。」〔註122〕《番社采風圖考》「削竹為片如紙薄，長四、五寸，以鐵繫環其端，銜於口吹之，名曰「口琴」。又有制類琴狀，大如拇指，長可四寸，窪其中二寸許，釘以銅片；另繫一柄，以手按循脣探動之，銅片間有聲娓娓相爾女」〔註123〕；至於口琴的聲音由上記述，可知其特色在於聲音幽微，由銅片發出時，彷彿是切切私語的輕柔，極適合男女交往的溝通和情意傳達。

〔註118〕清・黃叔璥《臺海使槎錄》，頁176。
〔註119〕清・六十七《番社采風圖考》，頁10。
〔註120〕清・周鍾瑄《諸羅縣志》，頁161。
〔註121〕清・黃叔璥《臺海使槎錄》，頁176。
〔註122〕清・黃叔璥《臺海使槎錄》，頁105。
〔註123〕清・六十七《番社采風圖考》，頁5。

第六章 《裨海紀遊》對平埔族精神文化陳述之解析

　　台灣平埔族在未完全納入父系社會的價值體系之前，有以母系為主是其社會生活、社會地位的考量，尤其是在婚姻制度和財產承繼制度方面。另外，在平埔族社會的人們，有文身、籬肚等等，以毀損身體而達到裝飾自身的習俗，也形成一種特殊的文化，值得去探究其背後可能存在的精神意義。而在像平埔族原始社會最高層的精神展現為其信仰，相當不同熟悉的佛、道教或西方的天主教、基督教，原始信仰和大自然的關係則相對顯得特別密切，處處可見超自然力量融合在平埔族生活點滴。

第一節　婚姻制度

　　平埔族中未婚男女對婚姻對象的選擇極為自由；在有些族中，有特定的「交誼會」，由年老女人主持，少男少女可在會中自由擇其意中人；但在一般的情況下，均係個別擇偶，未婚少男如鍾情於某一少女，則日夜在少女家前吹奏口琴以挑之，如少女亦屬意於該少男，即兩人可約定日期幽會，或互贈禮物定情，是以「吹得鼻簫能合調，任教自擇可人兒」〔註1〕。明・陳第〈東番記〉「娶則視女子可室者，遣人遺瑪瑙珠雙，女子不受則已；受，夜造其家，不呼門，彈口琴挑之。口琴薄鐵所製，齧而鼓之，錚錚有聲。女聞，納宿，未明徑去，不見女父母。自是宵來晨去必以星，累歲月不改。迨產子

〔註1〕清・郁永河《裨海紀遊》，頁44。

女，婦始往壻家迎壻，如親迎，壻始見女父母」〔註2〕，《蔣志》「男女應婚娶之時，女集廨中，諸男吹口琴於外，意之所欲，女出與野合，擇其當意者，始告於父母，置酒張彩，邀同社之人聚飲于家，即成配偶，無納幣送妝之禮」〔註3〕。

郁氏來台時觀察所得，平埔族男女「婚姻無媒妁，女已長，父母使居別室中，少年求偶者皆來，吹鼻簫，彈口琴，得女子和之，即入與亂，亂畢自去」〔註4〕，平埔族他們以口琴鼻簫取代媒妁之言，情投意合則可在一起，但兩人並未同住，待到產生子女，才由女方將男方帶回家中，也才確定正式的夫妻關係，而男方則以女方之家為家。郁氏說：「番女與鄰兒私通，得以自擇所愛」〔註5〕，在沒有媒妁的情形下，平埔族男女間交往，和受禮制束縛的傳統中國社會有著天差地壤的不同，倒反和時下的青年男女的交往，有幾分雷同，採取自由開放的模式自己選擇合意的對象，比起中國傳統社會講求「門當戶對」的守舊方式，更符合人性的發展。

在《裨海紀遊》行文中有言，「久之，女擇所愛者乃與挽手。挽手者，以明私許之意也」〔註6〕，這裡出現「挽手」一詞，和《諸羅縣志》「女將及笄，父母任其婆娑無拘束；番雛雜遝相要，彈嘴琴挑之，唯意所適。男親送檳榔，女受之，即私焉，謂之「牽手」。自相配，乃聞於父母，置酒飲同社之人。自稱其妻曰「牽手」。」〔註7〕中的「牽手」一詞，「挽手」和「牽手」兩者之間的關聯，潘英有一解說，他以為自《諸羅縣志》起出現的「牽手」一詞，可能是意譯，應與《裨海紀遊》所稱的「挽手」的意思相同，而且原義可能正是《裨海紀遊》所稱，女向其所愛「以明私許之意」，後來即稱成為實質夫婦為牽手，再成為男子稱其妻曰牽手。同時，潘英也覺得現在的台灣人，丈夫亦稱其妻曰牽手，這是台灣話摻雜平埔族語言的一個明顯例子〔註8〕。

此外，陳第於〈東番記〉提及「女子斷齒，以為飾也（女子年十五、六斷去唇兩旁二齒）」〔註9〕，陳第主觀認為當時平埔族斷齒的習俗僅為裝飾美

〔註2〕清・沈有容《閩海贈言》，頁25。
〔註3〕清・蔣毓英《臺灣府志》，頁59。
〔註4〕清・郁永河《裨海紀遊》，頁34。
〔註5〕清・郁永河《裨海紀遊》，頁44。
〔註6〕清・郁永河《裨海紀遊》，頁34。
〔註7〕清・周鍾瑄《諸羅縣志》，頁169。
〔註8〕參見潘英《臺灣平埔族史》，頁331。
〔註9〕清・沈有容《閩海贈言》，頁25。

觀的需要，但事實上，這並不是平埔族斷齒的初衷，裝飾的考量是至後來才有的演變結果。起初斷齒是和婚姻型式有關，平埔族喜折去上門齒二，是作為結婚時夫婦雙方定情之禮物。《蔣志》「女有夫，去其一齒」〔註10〕，《裨海紀遊》也有類似的記載，說到男女雙方「既得歡心纏挽手，更加鑿齒締姻盟」〔註11〕，則男方「鑿上齶門牙旁二齒授女，女亦鑿二齒付男」〔註12〕；《臺海使槎錄》「哆囉嘓社，成婚後，男女俱折去上齒各二；彼此謹藏，以矢終身不易」〔註13〕，《番社采風圖考》「又男女各折去上齒二以相遺，取痛癢相關之意」〔註14〕，黃叔璥和六十七則是將此一習俗，再做進一步意義上詮解，取其日後二人相關與共，矢志不移的象徵意旨。

而自《裨海紀遊》之後出現的文字記載，在描寫有關平埔族婚禮進行的部分，雖說是「成昏日，番女靚妝坐板棚上，四人肩之；揭彩竿於前，鳴鑼喧集，遨遊里社，親黨各致賀。至壻家，攜手同歸。兩家父母，亦共飲酒；三五斗以後，遺簪絕纓，歡謔無度，數日方止」〔註15〕，大家歡樂喜慶熱鬧依舊，但是因為部分的番社受到漢人習俗的影響，也有類似於訂婚給聘的現象摻入其中，像是《臺海使槎錄》就有「近日番女多與漢人牽手者，媒妁聘娶，文又加煩矣」〔註16〕的記載，於是乎平埔族各社之間的婚禮隨著漢化程度的深淺介入，顯得複雜，便不適宜一以概之，《諸羅縣志》中「諸羅山有幼而訂盟者。以車螯（蛤類）一盤為文定，壻母送至女家，留之飲；召同社之人，盡飲而罷。將婚，乃更以銅鐵鐲、牲醪之屬歸之婦」〔註17〕，可見有文定的規矩和男方給予女方聘禮銅鐵鐲、牲醪等等東西。

至於男方至女方居住的習俗，康熙六十一年（1722），黃叔璥他所觀察時，仍然是沒有改變，「既婚，女赴男家洒掃屋舍三日，名曰烏合。此後男歸女家，同耕並作，以偕終身」〔註18〕，但至乾隆十一年（1746）時，六十七就記錄「近城之社番，亦知習禮。議昏，令行媒通言。諏吉，以布帛、蔬果併生牛

〔註10〕 清・蔣毓英《臺灣府志》，頁 59。
〔註11〕 清・郁永河《裨海紀遊》，頁 44。
〔註12〕 清・郁永河《裨海紀遊》，頁 34。
〔註13〕 清・黃叔璥《臺海使槎錄》，頁 101。
〔註14〕 清・六十七《番社采風圖考》，頁 9。
〔註15〕 清・六十七《番社采風圖考》，頁 6。
〔註16〕 清・黃叔璥《臺海使槎錄》，頁 145。
〔註17〕 清・周鍾瑄《諸羅縣志》，頁 170。
〔註18〕 清・黃叔璥《臺海使槎錄》，頁 145。

二，先行聘定之禮。亦有學漢人娶女爲婦、不以男出贅者」〔註 19〕，中間經過二十幾年的時間，有些番社已如同漢人娶妻的模式，而且男方不再以女家爲居所。

第二節　母系承嗣制

平埔族社會有屬於所謂的母系社會，「男兒待字早離娘，有子成童任遠颺；不重生男重生女，家園原不與兒郎」〔註 20〕，與漢人的父系截然違異，平埔族他們生女比得男來得雀躍。明‧陳第〈東番記〉「遂家其家，養女父母終身，其本父母不得子也。故生女喜倍男，爲女可繼嗣，男不足著代故也」〔註 21〕，《蔣志》「重生女而不重生男。男則出贅於人，女則娶婿於家也」〔註 22〕，正因爲平埔族社會是屬一女方繼承家產之社會，故《蔣志》說：「無祖先祭祀，亦不自記其庚甲，父母而外，無伯叔、甥舅之稱。」〔註 23〕，郁氏言其「期某日就婦室婚，終身依婦以處。蓋皆以門楣紹瓜瓞，父母不得有其子，故一再世而孫且不識其祖矣；番人皆無姓氏，有以也」〔註 24〕，即便如此，平埔族世世代代相傳並不覺得有不妥之處，郁氏所說是出自一貫以父系社會爲主背景所產生的直接想法，實在平埔族這種特殊的社會組織，即使是對現代人類學者都是相當複雜，傳統漢人想要記錄，自然難免發生辭窮意乖，究爲男「嫁」於女？抑是男「贅」於女？這是語言文字上的借用的問題，二者的制度、觀念大大不同。而這其實也反應出一個困境，當研究者以文字傳達像平埔族群這樣一個原本沒有文字的社會時，中間產生的自然落差，研究者很容易陷入書寫與否的兩難。

在平埔族社會生女之所以值得慶幸，是因爲它代表著家中勞動力的增加，《諸羅縣志》「重生女，贅婿於家，不附其父；故生女謂之『有賺』，則喜。生男出贅，謂之『無賺』。」〔註 25〕用「有賺」、「無賺」來說明這種情形，《番社采風圖考》「番俗多以女承家，凡家務悉以女主之，故女作而男隨

〔註 19〕 清‧六十七《番社采風圖考》，頁 6。
〔註 20〕 清‧郁永河《裨海紀遊》，頁 44。
〔註 21〕 清‧沈有容《閩海贈言》，頁 25。
〔註 22〕 清‧蔣毓英《臺灣府志》，頁 59。
〔註 23〕 清‧蔣毓英《臺灣府志》，頁 60。
〔註 24〕 清‧郁永河《裨海紀遊》，頁 34。
〔註 25〕 清‧周鍾瑄《諸羅縣志》，頁 169。

焉。」〔註 26〕雍正初年來台的吳廷華所寫〈社寮雜詩〉曰:「秦贅何從問肯堂,閨中瓜瓞蔓偏長;諸如伯姐家人聚,不見男行見女行。」〔註 27〕同詩二十首云:「原知有賺期生女,果是新增打喇連。」〔註 28〕原註:「打喇連,番人謂婿也」〔註 29〕,即《臺海使槎錄》云:「既婚,女赴男家洒掃屋舍三日,名曰鳥合。此後男歸女家,同耕並作,以偕終身」〔註 30〕。

平埔族婦女之為家庭重心,與她們作為社會的主要勞動者是一體的。陳第〈東番記〉說:「女子健作;女常勞,男常逸」〔註 31〕。1623 年荷蘭商人說蕭 社的男子所事唯有打獵和打仗。Candidius 說:「婦女種地,做各種粗活和舂米、造酒等家務;男人遊手好閒,要到五、六十歲才與妻子一同從事農作」〔註 32〕。今日隨處可見爭取男女平等,就男女之間純粹分工合作,台灣原住民各社眾貫徹地更自然而徹底。平埔族的農業大多由女子耕作,漁獵才是男子為主,只有到老年他們始協助妻子做點田事,《諸羅縣志》「番婦耕種、樵汲,功多於男;唯捕鹿不與焉。能織者少,且不暇及;故貿易重布。錢穀出入,悉以婦為主。」〔註 33〕《番社采風圖》以及所見多種風俗圖對婦女頗多著墨,凡農業、手工業、家居生活、休遊賽戲都有她們的蹤影,顯示平埔族社會婦女的角色及地位與漢人社會迥異,而且「這樣家族內的分工成為一種規制力。因此在原始社會中,結婚是社會的一種強制,獨身的觀念幾乎是不存在的。成年男女須由結婚始能獲得社會和經濟的獨立性」〔註 34〕。

除此之外,母系社會連帶伴隨產生以母權為主的原則,以婚姻制度方面為例,「規定夫妻的地位、以及從夫居安排、有限的然而明確給予男人的權威和在某些特殊情況下對其妻子和孩子的監護權的婚姻法,其基礎就是獨立於母權的法律原則,儘管這個婚姻法在好些地方是與母權制相互纏結在一起,並與其相適應的」〔註 35〕,實際上,不僅是婚姻家庭的層面,母權原則牽動

〔註 26〕 清·六十七《番社采風圖考》,頁 2。
〔註 27〕 陳漢光《臺灣詩錄》,頁 265。
〔註 28〕 陳漢光《臺灣詩錄》,頁 263。
〔註 29〕 陳漢光《臺灣詩錄》,頁 263。
〔註 30〕 清·黃叔璥《臺海使槎錄》,頁 145。
〔註 31〕 清·沈有容《閩海贈言》,頁 26。
〔註 32〕 Campbell《FORMOSA UNDER THE DUTCH》,頁 11。
〔註 33〕 清·周鍾瑄《諸羅縣志》,頁 164。
〔註 34〕 劉其偉《文化人類學》,頁 169。
〔註 35〕 馬凌諾斯基《原始社會的犯罪與習俗》,頁 62。

著平埔社會制度各個層面，「母權原則支配著地位、權力和尊貴、經濟遺產、地產權、當地公民權以及圖騰氏族權利的繼承。兄弟姐妹之間的地位、兩性之間的關係以及他們的大部分私人和公共社會交際都爲構成母權法的那部分規則所限定。整個制度建立在神話、土著人的生殖理論及其某些巫術宗教信仰的基礎之上，它滲透到部落的所有制度和風俗之中。與母權制度緊密相關的，就是說與母權制形影相隨的，存在一些其他次要的法律規則制度」〔註36〕。

詹素娟則以「族群關係」的視角來觀察平埔族女性的角色，對於平埔女性提出她的看法，對外：外來族群與原住民婦女通婚，清代台灣，則雙方通婚的情形，可謂十分普遍，但，平埔族與漢人的婚姻，並不只是男女兩性共諦家庭的關係而已；其背後，還承載著兩個族群，由於經濟條件、財產繼承方式、文化因素的差異，而帶來的社會利益。原住民社會的婦女，擁有不低的社會地位，卻是無庸置疑的。透露招贅婚，平埔家庭可以得到漢人的耕作技能、經營理念；相對的，漢人則得到平埔社民的土地所有權，及族群交涉中的各種利益，雖然，獲利較大者，仍爲漢人。對內：因爲對清廷而言，原住民從「生」到「熟」的歸化指標之一，即是男人的薙髮蓄辮，而此類身體髮膚的象徵規範，卻不及女性。換言之，無論平埔社會的文化原型爲何，在國家體制中，係被主流族群整個編入以男性爲主的價值觀和社會架構裡了。女性在此一制約關係中，反而得到一個意外的呼吸空間，並進而保存了族群的文化點滴。就其文章論述歸結出的觀點，在近代以來的台灣族群關係中，無論藉由通婚與外族融合，或者對內保守族群文化，平埔女性皆展現強韌的延續性與生命力〔註37〕。

我們一貫以父系原則思考，平埔族的母系社會，似乎消聲匿跡，事實上，世隨時移，平埔族和漢人通婚的結果，因漢人往台灣移民，此種社會性原因而大量增加人口，除了呈現男多女少比例懸的結構，是平埔族群消失隱沒的主要原因，而關於母系這一部分血脈的傳承在一九九〇年代，台灣學術界有興趣於平埔族研究的學者逐漸增加，報章、影像媒體，也開始頻繁報導一般人日常生活無從知道的「平埔歷史」。許多人透過此一歷史訊息，不但更新其台灣歷史的了解，如台灣的原住民，除了所謂的高山九族外，還有一群被叫

〔註36〕馬凌諾斯基《原始社會的犯罪與習俗》，頁62。
〔註37〕參見詹素娟〈族群關係中的女性—以平埔族爲例〉《婦女與兩性研究通訊》四十二期，頁3〜7。

做「平埔族」的住民，原來居住在平原、海濱、溪流及丘陵地上；更重要的，是不少向來自視為「福佬」、「客家」的「漢人」，發現自己的家族，尤其是母系，竟然在歷史上涵混過平埔族的血液。這個「發現」，立即在社會上產生極大的迴響，甚至改變了一些人的族群歸屬與認同。此即九〇年代一個方興未艾的族群現象：大量「平埔後裔」的出現，衝擊了台灣社會舊有的人群分類；由族群位階差序結構所產生的婚姻關係，導致的歷史結果之一就是：子孫們只知道「唐山公」，卻不知道「平埔媽」，知道父系之所由來，卻不知道母系之所從出。台灣諺語：「有唐山公，無唐山媽」，正是漢人與平埔族通婚關係的最佳註腳。

第三節　身體毀飾

一、穿耳與大耳

有關平埔族穿耳的習慣，郁氏說：「番婦穴耳為五孔，以海螺文貝嵌入為飾」〔註38〕；《諸羅縣志》「男女各貫兩耳，以細硝子穿綴為珥」〔註39〕，平埔族穿耳的主要目的是為帶耳環、耳垂等裝飾，類同現代人穿耳洞、戴耳環的美感追求。

至於平埔族的男性以耳大為豪，多不辭痛楚為之，〈東番記〉有云：「男子穿耳……以為飾也」〔註40〕，《蔣志》「諸番好以竹節穿其耳垂，小者可容象子，大者至容鴨卵。」〔註41〕《高志》「各穿耳孔，其大可容象子，以木環貫其中」〔註42〕，郁氏竹枝詞加以形容「番兒大耳是奇觀，少小都將兩耳鑽；截竹塞輪輪漸大，如錢如椀復如盤」〔註43〕，他說有特別大者，其中甚至有耳「大如盤，至於垂肩撞胸者」〔註44〕；進而在詩人筆下就有「趨走捧持猶奉珍，一耳為衾一為茵」〔註45〕的誇張與嘲弄了。

〔註38〕清・郁永河《裨海紀遊》，頁21。
〔註39〕清・周鍾瑄《諸羅縣志》，頁155。
〔註40〕清・沈有容《閩海贈言》，頁25。
〔註41〕清・蔣毓英《臺灣府志》，頁61。
〔註42〕清・高拱乾《臺灣府志》，頁187。
〔註43〕清・郁永河《裨海紀遊》，頁43。
〔註44〕清・郁永河《裨海紀遊》，頁34。
〔註45〕清・孫元衡《赤嵌集》，頁25。

　　何以平埔男性崇尚此風，其中的緣故，黃叔璥推測〔註46〕說：「番婦最喜男子耳垂到肩，故競爲之」〔註47〕，應是合理的推測；而此風是否及於女子？《諸羅縣志》「東西螺、大武郡等社，男女好貫大耳，初納羽管、嗣納筆管，漸可容象子；珥以大木環，或海螺、蠣粉飾之，乃有至斷缺者」〔註48〕，周鍾瑄修誌時的諸羅縣涵蓋今臺南縣新市以北地區，所以貫耳以求其大，應該是平埔族人普遍的習尙，但據《番社采風圖》，凡貫耳者皆是男性，女性絕無，似乎也透露平埔族男子審美的一項標準；且郁氏只說「男子競尚大耳」〔註49〕，《皇清職貢圖》特言「男番」，所以《諸羅縣志》稱男女皆好貫大耳，恐怕是不正確的。

二、箍肚

　　箍肚，類同於現在所說的「束腰」。在昔日平埔族有一種年齡層的人，清代文獻通常稱作「麻達」（Mada），這是漢字記音詞，指未婚之男性青少年，或寫作「麻答」、「貓達」或「貓踏」，與稱作「暹」或「仙」或「老纖」的已婚男性明顯區隔，其區隔的一個重要標識就是箍肚。不論古今中外，箍肚束腰常是女子的審美重點之一，然而平埔族的箍肚是限於未婚男子，郁氏他也曾提到因爲平埔族他們以射鹿逐獸爲生，如果肚子太大會造成行動的不便，所以從孩提時就利用編竹把自己的腰箍束，一直到結了婚才停止，其竹枝詞有言：「輕身矯捷似猿猱，編竹爲箍束細腰；等得吹簫尋鳳侶，從今割斷伴妖嬈」〔註50〕，由此只知平埔族男性箍肚束腰不只爲使身手矯捷，也是當時男子討好女性的方法。

　　雍正六年（1728）出任巡臺御史的夏之芳〈臺灣雜詠〉有云：「牢拴竹篾怕身肥，帶孔頻頻減舊圍；愛汝細腰諧鳳卜，楚王宮裡夢雙飛」〔註51〕，其原註云：「以竹箍其腰，束令極細，以便捷走，方能得婦，既牽手，乃除去」

〔註46〕「他里霧以上，多爲大耳。其始，先用線穿耳；後用蠔殼灰、漆木或螺錢或竹圈用白紙裹之，塞於兩耳，名曰馬卓。裸入叢笑篇云：『番造大耳，幼鑽圈實以竹圈；自少至壯，漸大如盤；污以土粉，取飾觀云』。或曰：番婦最喜男子耳垂至肩，故競爲之。」清・黃叔璥《臺海使槎錄》，頁104。
〔註47〕清・黃叔璥《臺海使槎錄》，頁104。
〔註48〕清・周鍾瑄《諸羅縣志》，頁155。
〔註49〕清・郁永河《裨海紀遊》，頁34。
〔註50〕清・郁永河《裨海紀遊》，頁44。
〔註51〕陳漢光《臺灣詩錄》，頁251。

〔註 52〕，《諸羅縣志》「年可十三、四，編籐或篾，圍腹及腰，束之使小，謂之籠肚；使馳騁也。」〔註53〕《番社采風圖考》「番俗以馳走飛逐為活計，憂腰肥為累，從髫齔便令箍腹。以細竹編如籬，闊有咫，長與腰齊，圍繞束之，故有力善走，重繭累胝，能數千里」〔註 54〕，所以束腰、捷走和得婦三者存在著因果關係。

至於平埔族男性開始箍腹的年紀說法不一，郁氏「自孩孺即箍其腰」〔註55〕；六十七《番社采風圖考》箍腹條云：「從髫齔便令箍腹」〔註 56〕，則可以早到七、八歲。但《蔣志》「恐腹大難于奔走，當十五六歲時，必編籐竹圍腰，束之使小，以期便捷」〔註 57〕；《高志》「男女約十四、五歲時，編籐圍腰，束之使小」〔註 58〕；和《諸羅縣志》大約十三、四歲，夏之芳「牢拴竹篾」註云「番男至十四、五歲即以竹箍其腰」〔註 59〕，也就是進入青春期之時。

三、文身

關於文身傳說有這麼一種版本留傳，在遠古時，有一對兄妹，成人之後，為了婚配，四處物色對象，可是這世上只兄妹二人，如何找呢？於是妹妹改變了面貌，滿臉刺以黑色花紋，瞞過了哥哥，於是成婚，繁衍生殖。從此，女子到了成婚年齡，即有文面之習俗，如水沙連〔註 60〕。類似於人類起源和繁衍的傳說，自古以來，便不約而同地在世界各民族流傳著，這是相當有趣的現象，在此不多做詳述。

清初文獻的記載，《蔣志》「身多刺記，或臂或背，好事者竟至遍體皆文，其所刺則紅彝字也」〔註 61〕，《高志》「身多刺記，或臂、或背；好事者，竟至徧體皆文。其所刺，則紅毛字也」〔註62〕，郁氏一路北上所見則是：

〔註52〕陳漢光《臺灣詩錄》，頁 251。

〔註53〕清·周鍾瑄《諸羅縣志》，頁 166。

〔註54〕清·六十七《番社采風圖考》，頁 8。

〔註55〕清·郁永河《裨海紀遊》，頁 44。

〔註56〕清·六十七《番社采風圖考》，頁 8。

〔註57〕清·蔣毓英《臺灣府志》，頁 60。

〔註58〕清·高拱乾《臺灣府志》，頁 187。

〔註59〕陳漢光《臺灣詩錄》，頁 251。

〔註60〕參見劉如仲、苗學孟《清代台灣高山族社會生活》，頁 203。

〔註61〕清·蔣毓英《臺灣府志》，頁 61。

〔註62〕清·高拱乾《臺灣府志》，頁 187。

> 柴里社……所見御車番兒，皆徧體雕青：背爲鳥翼盤旋；自肩至臍，
> 斜銳爲網罟纓絡；兩臂各爲人首形，斷脰猙獰可怖。……至大肚
> 社，……番人狀貌轉陋。……至宛里社宿。自渡溪後，御車番人貌
> 益陋，變胸背雕青爲豹文。〔註63〕

根據郁氏的說法，一出臺灣府城就可看到文身的平埔族，愈北愈普遍，而且
是「胸背斕斑直到腰，爭誇錯錦勝鮫綃；冰肌玉腕都文遍，只有雙蛾不解描」
〔註64〕；不過他特別強調御者，所以文身雖是平埔族與漢人的區別標誌，恐
怕也不是普遍的現象，而且漢化愈深的地方，文身的情形愈少。

> 郁氏以其傳統中國文化以白皙俊秀的審美角度，以及中國刑罰烙印
> 下的刻板印象〔註65〕，基於這兩項原因，郁氏並無法接受平埔族文
> 身的裝飾。反倒認爲是因平埔族人沒有鏡子可照，終其一生不能親
> 眼目睹自己的容貌，所以不會在意；表示郁氏他在文化的優越感下，
> 仍未能捨棄以個人文化檢視他人文化，但這樣的態度有礙於深究其
> 中可能隱含的眞實意義和象徵意義。文身是台灣社眾比較原始的文
> 化，文身所代表的意義並不是單一的，譬如有避邪逃夭的作用、表
> 示成年（有資格結婚）、至後期更因階級地位形成，文身只屬於貴族
> 階級的專利，界限十分嚴格，不容逾越。從文化人類學的角度，它
> 與東南沿海有關民族關係密切，如海南島的黎族，不僅文身習俗相
> 似，而且文身花紋圖案、施術工具，以及文身意義均有許多相同之
> 處。

至於文身的圖案，郁氏說：「文身舊俗是雕青，背上盤旋鳥翼形；一變又
爲文豹鞟，蛇神牛鬼共猙獰」〔註66〕。《諸羅縣志》「文其身，遍刺蝌蚪文字
及蟲魚之狀，或但於胸堂兩臂，惟不施於面……文身皆命之祖父，刑牲會社
眾飲其子孫至醉，刺以鍼，醋而墨之。亦有壯而自文者，世相繼，否則已焉；
雖痛楚，忍創而刺之，云不敢背祖也。」〔註67〕文身的圖案種類繁多，其刺

〔註63〕 清・郁永河《裨海紀遊》，頁 18～20。
〔註64〕 清・郁永河《裨海紀遊》，頁 43。
〔註65〕 中國的刑罰當中有所謂的墨刑、黥、刀墨、刺字、刺配等肉刑，是在犯人臉
　　　　上或手臂上，用刀刺刻留下標記，不僅是使得犯人身體備受苦楚，亦因有此
　　　　印記，則終生皆受其累，而爲他人鄙夷。
〔註66〕 清・郁永河《裨海紀遊》，頁 42。
〔註67〕 清・周鍾瑄《諸羅縣志》，頁 155。

紅毛字者最堪注意，除誇示勇武，表現男性的剛性美外，似尚有神祕意義及宗教意涵。女子的鍼刺，除表現美觀外，尚有與未婚者區分的作用，其實許多民族也有類似習俗，例如過去日本少女結婚時必須染齒即是。但據《裨海紀遊》，康熙三十年代，台南五大社文身者已少，愈往北者愈多；乾隆十七年（1752）王必昌《重修臺灣縣志》記載平埔族文身之俗「近亦漸少」〔註68〕，逐漸式微。

杜正勝認爲文身的問題複雜，在平埔族裡也不普遍的現象。從荷蘭人最早的記錄來看，蕭壠社文身只限於部分的老人；而後來清人的記載也都特有所指，譬如郁永河就強調御車者。地域有不同，時間也有變化。乾隆三十四年到三十七年（1769～1772）任臺灣海防同知的朱景英《海東札記》：「邇來北路諸番猶沿此習，南路則絕無貫耳、文身者。」〔註69〕。上距郁永河來臺七十餘年，已發現比較大的變化。六十七製作《番社采風圖》晚於郁永河將近五十年，早於朱景英約二十五年，畫工沒有畫出平埔族的文身，毋寧可以理解爲當時文身並非普遍的景象，唯對漢人而言則極爲突兀，引人注目，故特別記載，有些詩文不免誇張，過甚其辭，反而誤導讀者，無法了解眞相。〔註70〕

四、除毛

郁氏來台時，親見平埔族「人無老少，不留一髭，并五毛盡去之」〔註71〕，且以此塡寫一首竹枝詞「老翁似女女如男，男女無分總一般；口角有髭皆拔盡，鬚眉卻作婦人顏」〔註72〕，《諸羅縣志》也記載「無髭鬚，毛附體者盡拔之」〔註73〕。

由於平埔族除毛的習俗所牽涉出「愛少惡老」的討論，康熙四十六年（1707）詩作，臺灣海防同知孫元衡〈秋日雜詩二十首〉有云：「蠻村渾賤翁」，原註曰：「蕃人貴力食，老則安坐待哺，然每遭凌賤，化之不悛」〔註74〕，《臺海使槎

〔註68〕清‧王必昌《重修臺灣縣志》，頁407。

〔註69〕清‧朱景英《海東札記》，頁59。

〔註70〕參見杜正勝《《番社采風圖》題解——以臺灣歷史初期平埔族之社會文化爲中心（二）》《大陸雜誌》九十六卷二期，頁15。

〔註71〕清‧郁永河《裨海紀遊》，頁34。

〔註72〕清‧郁永河《裨海紀遊》，頁43。

〔註73〕清‧周鍾瑄《諸羅縣志》，頁155。

〔註74〕清‧孫元衡《赤嵌集》，頁51。

錄》「拔髭鬚……愛少惡老，長鬚者雖少亦老，至頭白不留一鬚」〔註75〕，然而平埔族拔除髭鬚的習俗是真如孫元衡和黃叔璥的解釋嗎？平埔社會真的愛少惡老嗎？十七世紀初 Candidius 和十八世紀中葉六十七都提到卑幼遇尊長則相讓而行的風尚，又當做何解釋？

另一方面的資料顯示老人在平埔社會中地位頗高，Candidius 注意到十七世紀初西拉雅人受到尊重的原因是年紀，而非財富，他說這現象甚為明顯，「年輕人在路上遇到比他年歲稍大一點的人，一定讓到路邊，而且以背部向著年長者，讓年長者先行。當兩個年輕人在路邊談論事情時，他們也會留心的把背部朝向路過的年長者，一直到他完全通過。年長者要求年輕人做事，即使他們可能要走兩三或四哩路，年輕人也不敢拒絕。當老少在一起，年輕人從不敢插嘴。而在宴會上，他們一定先請年長者開始」〔註76〕。《蔣志》「年少之番，遇耆老尊長，必傍立低頭讓其去而後行」〔註77〕。三十年後的《諸羅縣志》述平埔族風俗亦云：「途次相遇，少者側立，先問訊長者，俯以俟；長者既過，乃移足」〔註78〕。及至十八世紀中葉，六十七仍然是這麼說的，《番社采風圖考》讓路條云：「臺番涵濡德化，亦有禮讓之風。卑幼遇尊長，卻步道旁，背面而立；俟其過，始隨行。若駕車，則遠引以避。如遇同輩，亦停車通問，相讓而行；不可以蠻俗鄙之也。」〔註79〕，此與百餘年前荷蘭人的記載如出一轍。

關於平埔族老人社會地位的高低，是清人的說法常是自相矛盾，像是范咸的〈三疊臺江雜詠〉所謂「也諳禮讓非關學，纔讀詩書便不同」〔註80〕，范氏既知這是平埔族的傳統文化，非受漢人教化的影響，卻又說他們「只愛兒童賤老翁」〔註81〕；黃叔璥也說平埔族「愛少惡老」，「至頭白不留一鬚」，似乎拔除髭鬚的風俗是由賤老的社會倫理造成的。其實平埔族人向有敬老的原則，沒有「愛少惡老」的習俗，所以應是清人的判斷有誤，是「具有強烈儒家倫理的中國士大夫對於平埔族社會的理解顯然還是多出以己意，不夠深

〔註75〕 清・黃叔璥《臺海使槎錄》，頁 145。
〔註76〕 Campbell《FORMOSA UNDER THE DUTCH》，頁 17。
〔註77〕 清・蔣毓英《臺灣府志》，頁 61。
〔註78〕 清・周鍾瑄《諸羅縣志》，頁 164。
〔註79〕 清・六十七《番社采風圖考》，頁 19。
〔註80〕 清・六十七《使署閒情》，頁 48。
〔註81〕 清・六十七《使署閒情》，頁 40。

入客觀」的再次證明。事實上，除毛的習俗亦可能只是平埔族審美觀一隅，或是與溫、熱帶地方出汗多，爲減弱體臭有關。

第四節　原始信仰

一、赤身裸體

郁氏他在行經大武郡社時，撞見「有三少婦共舂，中一婦頗有姿；然裸體對客，而意色泰然」〔註 82〕。早期歐洲人和中國人多注意到平埔族赤身裸體〔註 83〕的習俗。明·陳第〈東番記〉記述台灣「地暖，冬夏不衣，婦女結草裙，微蔽下體而已」〔註 84〕，又說，華人「間遺之故衣，喜藏之，或見華人一著，旋復脫去，得布亦藏之。不冠不履，裸以出入，自以爲易簡云」〔註 85〕。Candidius「夏天裸體，不覺得羞愧……女人……當她們洗澡時，若有男人經過、看見，她們並不怎麼在意」〔註 86〕，《巴達維亞城日記》1624 年二月條說「婦女比較男子略知羞恥，在其私處遮以寬二十公分之圍腰布或『利連』之小布〔註 87〕。《蔣志》「至于男女聚處，暑熱之時，男皆赤身，女皆裸體，相對飲食，淫欲之事，略不羞避。」〔註 88〕。

如果對照《諸羅縣志》舂米圖（請參見圖九），所謂裸體可能只赤裸上身。據郁氏一般的觀察，除了「老人頭白，則不挂一縷」〔註 89〕，其他還是穿點衣服的，故其〈土番竹枝詞〉第一首云：「生來曾不識衣衫，裸體年年耐歲寒；犢鼻也知難免俗，烏青三尺是圍闌」〔註 90〕。所以漢文資料所謂的「裸體」不一定等於全身赤裸。陳第和 Candidius 的話顯示男女裸體的程度不同，Candidius 或 Coyett 則告訴我們，平埔族的裸體有季節和場合之異，郁永河也明言老人頭白才一絲不掛。因此正確的理解，平埔族不是沒有衣服，也不是絕對不穿，唯對衣冠楚楚的中國人或西方人來說，「裸體」遂成爲他們的特色。

〔註 82〕 清·郁永河《裨海紀遊》，頁 19。
〔註 83〕 首先澄清一點，即中文資料中所謂的「裸體」，並非一絲不掛。
〔註 84〕 清·沈有容《閩海贈言》，頁 25。
〔註 85〕 清·沈有容《閩海贈言》，頁 27。
〔註 86〕 Campbell《FORMOSA UNDER THE DUTCH》，頁 9。
〔註 87〕 村上直次郎《巴達維亞城日記（第一冊）》，頁 32。
〔註 88〕 清·蔣毓英《臺灣府志》，頁 61。
〔註 89〕 清·郁永河《裨海紀遊》，頁 34。
〔註 90〕 清·郁永河《裨海紀遊》，頁 42。

圖九：舂米

資料來源：周鍾瑄《諸羅縣志》，頁 32。

　　平埔族之所以裸體，推斷陳第、Candidius 和郁氏的語意，大概是因為台灣氣候暖和的緣故。但也有文獻資料指出，赤身裸體的原因可能與原始信仰有關，據 Candidius 從新港社到麻豆社旅途中親身經歷的事件：

　　　　有一回我遇見有些麻豆人從田裡回來，其中有個人穿著衣服，遠遠看見有個長老坐在路旁，他要我幫他拿衣服直到我們走過長老的前面，否則他會受到懲罰。在他的要求下我同意了。走到長老旁邊時，我把衣服給他看，說這是跟我在一起的人的衣服。他原想要強行拿走衣服，並堅持要我說出是誰的衣服，但是我拒絕回答這個問題而且繼續走。進入村子後我把衣服還給他，他對我十分感激。〔註91〕

〔註91〕 Campbell《FORMOSA UNDER THE DUTCH》，頁 16。

Candidius 也曾說到平埔族他們「在一年的某個時候，土著裸體三個月。他們認為，假如他們不一絲不掛，他們的神不會給他們雨水，稻米也就沒有收成。如果任何長老遇到違反這規定的人，他有權力拿掉犯者所穿的任何東西，同時罰兩件較不重要的衣服或兩張鹿皮」〔註 92〕，在平埔族社會裡沒有所謂的監禁、鐐銬或體罰，更無死刑，所以罰米、鹿皮或酒等物可以說是最嚴重的懲罰了。那麼因不裸體就招致重罪，可以推測赤裸成為一種平埔族社會秩序的規範，具有類同於法律意義，而其背後的根源則在於他們的原始信仰，所以赤身裸體便含有更深層的文化意義，而非單單因為天氣暖和而已。

二、溪水治病

　　依清人著述可知，平埔族人相信溪水可治病強身，《蔣志》「產婦甫生，同嬰兒以涼水浴之」〔註 93〕，郁氏也說：「有病不知醫藥，惟飲溪水則愈」〔註 94〕，而且是「有病者浴益頻」〔註 95〕；另外，當時的孕婦在剛分娩之後，就會帶著嬰兒一起去溪邊清洗；小孩子如果長水痘時，就把先將膿液擠出，再帶去水邊洗澡，認為「不若是，不愈也」〔註 96〕，《番社采風圖考》「有病亦取水灌頂，傾瀉而下，以渾身煙發為度；未發再灌，發透則病愈」〔註 97〕。

　　至於平埔族為何相信以水治病，有兩種可能：其一和明成祖時大航海家太監鄭和有關，鄭和，小字三保，故稱三保太監〔註 98〕。《蔣志》「疾病不知醫禱，止浴于河。相傳為大士置藥于水，以濟度諸番，當冬月多入水澡洗以為快。」〔註 99〕，《高志》「疾病不知醫藥，輒浴於河；言大士置藥水中，以濟諸番。」〔註 100〕《諸羅縣志》「病不知藥餌、鍼炙，輒浴於河；言大士置藥水中以濟。」〔註 101〕有些地方，有病則浴於河，相傳有大士投置藥於水中，

〔註 92〕 Campbell《FORMOSA UNDER THE DUTCH》，頁 16。
〔註 93〕 清・蔣毓英《臺灣府志》，頁 59。
〔註 94〕 清・郁永河《裨海紀遊》，頁 34。
〔註 95〕 清・郁永河《裨海紀遊》，頁 34。
〔註 96〕 清・郁永河《裨海紀遊》，頁 34。
〔註 97〕 清・六十七《番社采風圖考》，頁 6。
〔註 98〕 「永樂丁亥。命太監鄭和、王景弘、侯顯三人。往東南諸國賞賜宣諭。今人以為三保太監下洋。不知鄭和舊名三。皆靖難內臣有功者。」明・郎瑛《七修類稿》，頁 182。
〔註 99〕 清・蔣毓英《臺灣府志》，頁 61。
〔註 100〕 清・高拱乾《臺灣府志》，頁 188。
〔註 101〕 清・周鍾瑄《諸羅縣志》，頁 169。

病浴即癒。或謂《諸羅縣志》「明太監王三保航海到臺，見番俗頑冥，棄藥於水，浴可以已疾」〔註102〕，《番社采風圖考》「崩泉下澗三尺波，女兒沒水如群鵝。中官投藥山之阿，至今仙氣留雲窩。生男洗滌意非它，無摩無磨無沈痾。他日縱浪有勳業，爲鯨爲鯉爲蛟龍（明太監王三保出使西洋，到赤嵌汲水，投御藥於澗水中。至今番俗生兒即入水洗，謂有仙氣）」〔註103〕，其中的「大士」都不約而同地指向一人，就是三保太監鄭和。

其二，以溪水治病，就如印度的聖河——恆河〔註104〕的意義，恆河它被視爲是印度的生命之河，沖積了「恆河大平原」，土地肥沃，幾千年來養活了印度很大一部份人口，印度教徒認可以恆河洗清人的「罪惡」，使人可以「超昇」、「解脫」，聖河的水，可以洗清一個人的一切污染和罪過，所以到到神聖的恆河沐浴禱告，就成了印度教徒一生最大的心願，而且這是印度教徒認爲功德無量的事，藉著這種功德，後世才得以降生於天界，而印度教徒也認爲死後能將骨灰撒進恆河，隨波逐流，表示靈魂還回故鄉。這是因爲對於原始社會的居民來說，他們本身對病的觀念本身就是神秘的；這就是說，疾病永遠被看成是一種看不見的、觸摸不到的原因造成的，而且這原因是以許多各不相同的方式來被想像的。不管是什麼樣的療法，只有具有超自然、神秘力量的療法才有價值，療效完全決定於具有神靈或巫術性質的聯繫和互滲〔註105〕。

三、女巫

巫，在古代從事祈禱、卜筮、星占，並兼用藥物爲人求福、趨災、治病的人；而巫術所指的是，利用超自然的力量，來實現某種願望的法術，是原始社會的一種信仰，也和後世天文、曆算、宗教的起源有關。男覡女巫在中國是並存的，在台灣平埔族卻只有女巫的可能，也就是所謂的「尪姨」，在台灣隨著平埔族群的隱沒，尪姨也逐漸在消失當中。郁氏他也有遇見一位，只是未接觸，所以只有「此婦有術，善祟人」〔註106〕略略帶過，至於「有術」指的究竟是具備什麼樣的能力？和支撐此項能力存在的背後原因爲何？在

〔註102〕清・周鍾瑄《諸羅縣志》，頁169。
〔註103〕清・六十七《番社采風圖考》，頁6～7。
〔註104〕「恆河，是印度第一大河，它發源於喜馬拉雅山區與德干高原，由西向東，蜿蜒流過印度北部大部份地區，而孟加拉南部，形成網狀的『巽得班斯低地』，最後流入孟加拉灣。」李希聖《尼印行腳》，頁132。
〔註105〕有關互滲律的論述，可參見列維・布留爾《原始思維》第二章，頁62～98。
〔註106〕清・郁永河《裨海紀遊》，頁20。

《裨海紀遊》中找不到答案，藉由其它文獻或可加以補充說明。

首先，是尪姨所具備特有能力，在原始社會中，男覡女巫是生來就能操縱巫法（sorcery）的人，智慧也特別高，而且具有巫術（magic）的特殊氣質，因而受到一般族人的尊敬。例如北美 Maidu 族的薩滿（shaman），所謂神巫，在社會上就有很大的勢力，甚至酋長的實權都握在這些神巫的手上。尤其是秘密結社的首領，勢力不但壓倒酋長，而酋長地位的被選，是由神巫來宣佈神意，其廢黜也是如此。神巫能規定族人的儀式生活、判決爭訟、醫治疾病，也是族人神話的權威，巫師是以非人格的姿態而存在（咒力），他是以咒力現實地和具體地解決問題，藉以收到個人的、實際的功效。〔註107〕

Candidius 說：「我知道的其他民族有男性的教士、教宗、或教師，他們教導大家，也是神的教士。可是這個民族只有女性的祭司，稱為尪姨。尪姨做的宗教公共儀式有兩種：請神和獻神。獻神一般在公廨舉行，包括殺好的豬、米飯、檳榔、大量的飲料、公鹿或野豬的頭。」〔註108〕，「預測好壞，是否下雨，甚至天氣的好壞，都是尪姨的工作。她們判斷一個地方是否乾淨，除穢去邪。她們說有許多邪魔鬼怪跟人住在一起，尪姨用叫嚷和吆喝驅趕邪靈。她們手裡拿著斧頭，追趕妖魔鬼怪，直到它跳入河裡溺斃。」〔註109〕《諸羅縣志》「作法詛咒亦名向。先試樹木立死，解而復蘇，然後用之。不則，恐能向、不能解也。不用鎖鑰，無敢行竊，以善向故也。擅其技者，多老番婦」〔註110〕。

平埔各族中巫師為女人的專業；平埔族人均相信女巫可以為人除禍消災，可以作咒法防止外敵的侵害；譬如遇凶猛的高山族進攻時，村人即請女巫在村子周圍作法，認為這樣可以使敵人不敢侵入。女巫可以作法傷人，而受害者欲解之，必須殺豬一頭為禮，請其解咒，有病則請巫醫治病，巫醫治病時，先奠酒，念咒請神，頭朝上向神祈禱，請神幫助趕走魔鬼，之後進行趕鬼，用香蕉葉拂拭病人身上，口中念念有詞，大意是命鬼速去，然後就是謝神，並將香蕉葉向門外拋去，如此則病即除，這就是巫醫治病之過程。

此外，有論者以為巫術可以「彌補人們的實際能力之缺憾並由此而增強

〔註107〕參見劉其偉《文化人類學》，頁 191 和頁 219。

〔註108〕Campbell《FORMOSA UNDER THE DUTCH》，頁 24。

〔註109〕Campbell《FORMOSA UNDER THE DUTCH》，頁 25。

〔註110〕清・周鍾瑄《諸羅縣志》，頁 174。

其信心」因此它的功能「是把人的樂觀精神儀式化，消除其憂懼之心，增強其成功的信念」。而宗教通過增強人們「所有有價值的心態，如尊崇傳統，與環境和諧相處，同困難作鬥爭和正視死亡的勇氣與信心」等，則可以促進人們道德的發展〔註111〕；而馬凌諾斯基則認爲，巫術是以切實的目標爲目的，而宗教是一套自足的行動整體，巫術的技能是有限的，受約束的，咒語、儀式和行巫者，這三者乃是巫術三合一體，而宗教則有其複雜的內容和目的。總而言之，宗教和巫術畢竟是不同的，在理解時應注意區別之。

　　其次，我們想了解的是支持此種能力背後的原因，其背後的原因在於原始社會中，人們認爲人生不論任何方面，都是與超自然有密切關連，尤其是在日常生活上所發生的事故或災害，生活上的不安、恐怖、疑慮等都以超自然來解釋，甚至是天變地異，生滅起伏等非人類所能抗拒的變化，在原始社會中，都把它歸之於超自然的力量所致。原始人的知覺感受之所以和我們有所不同，也是來源於這種神秘性質，例如，假如有幾個人在場，其中只有一個人重複聽到什麼聲音或者看見什麼東西，那我們就說這個人產生了錯覺或者說他有幻覺，在原始人那裡，我們見到的卻是一種根本相反的情形，某些存在物和事物只能爲某些人發現，其他在場的一切人都不能發現，這不會使他們任何人感到驚訝，大家都認爲這是完全自然的〔註112〕。

　　舉例來說，在台灣的平埔族以爲疾病災厄，乃靈作祟，故不求醫而求諸尪姨，而尪姨則兼行醫術，主要疾病爲瘧疾、感冒、腸胃病、外傷、眼疾、寄生蟲等，特殊病症爲甲狀腺肥腫（即項部肥腫），和他們最怕的傳染病等等，全無醫藥智識的觀念。在南印度的原住民也有同樣的情形，「他們對感冒、頭痛、腹痛、淋病、梅毒、流產等都認爲是超自然存在之所致。天花與霍亂等瘟疫，則認爲是觸怒了女神之所致。因是，他們的醫術對施行治療，同時也舉行對神靈的撫慰和祈願」〔註113〕。

〔註111〕托馬斯・F・奧戴、珍妮・奧戴・阿維德《宗教社會學》，頁18。
〔註112〕有關原始人知覺和我們的知覺差別的說法，可參見列維・布留爾《原始思維》，頁53。
〔註113〕劉其偉《文化人類學》，頁221～223。

第七章　有關《裨海紀遊》的文學意義及其發展

　　《裨海紀遊》作為一本遊記文學亦有其價值地位，而在探討《裨海紀遊》文學意義上，對於郁氏的敘述手法及思維應先有所認識。除此之外，郁氏在詩和竹枝詞的創作，正是傳統古典文學薰陶和台灣特殊自然人文環境的激盪，也常引發學者對其創作雅俗二分的爭論。關於《裨海紀遊》的文學發展，則將個人所見以西川滿、葉石濤、顏金良、報導文學四個部分，來說明《裨海紀遊》一書在文學後續所產生的餘波影響。

第一節　《裨海紀遊》敘述的手法和思維

一、敘述手法

（一）詩文穿插

　　這是就形式而言，傳統中國文人多有賦詩以附庸風雅之娛，郁氏也不例外，在《裨海紀遊》行文中，除了敘述性的文字，尚穿插有十四首詩和三十六首竹枝詞。甚至詩文之間，如果相互對照來看，發現有時候郁氏所指涉的是同樣的事物，舉例來說：

> 銅箍鐵鐲儼刑人，鬥怪爭奇事事新；
> 多少丹青摹變相，畫圖那得似生成？ [註1]
> 老翁似女女如男，男女無分總一般；

〔註1〕清·郁永河《裨海紀遊》，頁43。

口角有髭皆拔盡，鬚眉卻作婦人顏。〔註2〕

男子競尚大耳，於成童時，向耳垂間各穿一孔，用篠竹貫之，日以
加大，有大如盤，至於垂肩撞胸者。項間螺貝纍纍，盤繞數匝，五
色陸離，都成光怪。胸背文以雕青，爲鳥翼、網罟、虎豹文，不可
名狀。人無老少，不留一髭，并五毛盡去之。〔註3〕

「銅箍鐵鐲儼刑人」、「老翁似女女如男」是兩首竹枝詞，而底下一段敘述文
字則是在另外不同的書頁中摘錄的，但仔細閱讀，就發現其實同樣是在描述
台灣原住民他們刺青、穿耳、除毛這些在身體上的裝飾，因此將詩文統合互
爲補述，反而能更完整生動地，將郁氏他所針對的主題認識清楚。

（二）記實抒情

就內容來說，可以分爲記實抒情兩部分。誠如郁氏所言，他渡海來台，
是「窮幽極遠，身歷無人之域」〔註4〕，他對全台的「山川夷險、形勢扼塞、
番俗民情」〔註5〕各方面，是周覽探討而約略能得其大概；而這也是《裨海紀
遊》成書記錄下來，希望能儘可能涵蓋當時台灣自然或人文的目標。這也和
郁氏自己實事求是的個性相關，我們可以舉一個例子來說，他曾聽說鯊魚是
胎生的，但如果不是一次機會，他讓廚師幫他烹煮鯊魚當午膳，從旁親眼見
到「庖人將剖魚，一小鯊從腹中躍出，剖之，乃更得六頭，以投水中，皆游
去」〔註6〕的景象，他不會輕易相信人言。這樣的個性，反應在文章中，他對
自己基本的要求便是儘可能做到眞實的描寫，涉法將人、事、時、物、地交
待清楚。

在情感上又可以分爲小情和大愛，小情指的是針對他自己，大愛是關注
到他人的感受。他來到台灣，生活在「海風怒號，萬籟響答，林谷震撼，屋
榻欲傾。夜半猿啼，如鬼哭聲，一燈熒熒，與鬼病垂危者聯榻共處」〔註7〕，
一段時日下來，他自己都要懷疑是不是產生了幻覺幻境？他也懷疑如要繼續
居住下去，能夠不生病嗎？而廚師和幫他煉硫的工役十之八九也都病倒了，

〔註2〕清·郁永河《裨海紀遊》，頁43。
〔註3〕清·郁永河《裨海紀遊》，頁34。
〔註4〕清·郁永河《裨海紀遊》，頁29。
〔註5〕清·郁永河《裨海紀遊》，頁29。
〔註6〕清·郁永河《裨海紀遊》，頁7。
〔註7〕清·郁永河《裨海紀遊》，頁27。

連一路和他同的王雲森也染上痢病，病到水漿不入，「晝夜七八十行，漸至流溢枕席間」〔註8〕，環繞他的都是一個個病患，他恨自己為什麼不能替他們尋找到良藥治癒。對於台灣的原住民他發出感嘆「舉世所當哀矜者，莫番人若矣」〔註9〕，不滿一些歧視他們為異類的偏見，認定既生同為人，「夫樂飽暖而苦飢寒，厭勞役而安逸豫，人之性也；異其人，何必異其性？」〔註10〕

二、敘述思維

（一）重新定位

《裨海紀遊》企圖將台灣重新定位回歷史的軌道中，更明白的說，是要回到大清朝的歷史脈絡中〔註11〕。橫渡黑水溝時，郁氏首次感受到台灣之「理亦難明」〔註12〕，「海水正碧，溝水獨黑如墨，勢又稍窳，故謂之溝。廣約百里，湍流迅駛，時覺腥穢襲人。又有紅黑間道蛇及兩頭蛇繞船游泳，舟師以楮鏹投之，屏息惴惴，懼而順流而南，不知所之耳」〔註13〕，夾雜著半寫實半神話的描述，是頗符合台灣論述的特質，但也正是郁永河訪台所碰到的第一個問題，「扶搖乍徙非難事，莫訝莊生語不經」〔註14〕，言語系統也因此錯亂，而失去了其指涉的功能。

在這裡我們可將〈裨海紀遊·裨海紀遊卷上〉的後半，有關台灣歷史的描述，看作是郁氏試圖解決這種定位及指涉錯亂的一個努力，藉著將台灣牽連於近代歷史發展（荷蘭殖民、鄭氏反清、施琅復台），以重新接合斷裂的指涉之鏈，並摒棄過去歷史、神話不分的敘事方式。郁氏分辨何謂「颱風」的描述，生動地說出這個努力：「又曰：風四面皆至曰颱。不知颱雖暴，無四方齊至理；譬如北風颱，必轉而東，東而南，南又轉西，或一二日、或三五七日，不四面傳遍不止；是四面遞至，非四面並至也」〔註15〕。相對於前人而言，郁氏當然有更多的資料可以對台灣作一個詳盡的描述，郁氏也並非是第

〔註 8〕清·郁永河《裨海紀遊》，頁 26。

〔註 9〕清·郁永河《裨海紀遊》，頁 37～38。

〔註10〕清·郁永河《裨海紀遊》，頁 38。

〔註11〕關於重新定位的部分，請參考莊雅仲〈裨海紀遊：徘徊於自我與異己之間〉《新史學》四卷三期，頁 59～76。

〔註12〕清·郁永河《裨海紀遊》，頁 6。

〔註13〕清·郁永河《裨海紀遊》，頁 6。

〔註14〕清·郁永河《裨海紀遊》，頁 6。

〔註15〕清·郁永河《裨海紀遊》，頁 13。

一個做這樣的嘗試的人，只不過其材料之豐富、描寫之扣人心弦，就遠非《島夷誌略》、〈東番記〉等區區數百字浮光掠影式的記載所可比擬。而就效果來看，清朝順理成章地變爲台灣歷史的詮釋者與啓動者，「臺灣既入版圖，改僞承天府爲臺灣府，僞天興州爲諸羅縣，分僞萬年州爲臺灣、鳳山兩縣」〔註16〕，命名權的取得象徵著權力的開展，也代表作者暫時忘卻了航行的焦慮。

但郁氏這樣的企圖也僅止於語言文字上的成功，因爲郁氏所記載的一段原住民出草的場面，使得這樣的努力出現裂痕，命名的權力遇上無以名狀的恐怖，立刻顯現出權威的虛幻性，郁氏首次後悔踏上這塊是非之地，「余身非金石，力不勝鼪鼠；況以斑白之年，高堂有母，寧遂忘臨履之戒，以久處危亡之地乎？」〔註17〕雖然他最後仍以遊歷不險不奇自慰；「探奇攬勝者，無畏惡趣；遊不險不奇，趣不惡不快」〔註18〕，但一連串的問號，已顯露出其內心極端的焦躁不安。

（二）文／野二分

郁氏他擺脫了人／非人的二分機制，卻以文明／野蠻二元對立的論斷方式取代之。在他遊歷了新港社、嘉溜灣社、麻豆社後說：「雖皆番居，然嘉木陰森，屋宇完潔，不減內地村落。余曰：『孰爲番人陋？人言寧足信乎？』」〔註19〕，連著兩句問句，郁永河質疑過去台灣論述刻板的形式及內容——道德塗說的描述風格、野人怪物的意象：

> 是舉世所當哀矜者，莫番人若矣。乃以其異類且歧視之；見其無衣，曰：『是不知寒』；見其雨行露宿，曰：『彼不致疾』；見其負重馳遠，曰：『若本耐勞』。噫！若亦人也！其肢體皮骨，何莫非人？而云若是乎？馬不宿馳，牛無偏駕，否且致疾；牛馬且然，而況人乎？抑知彼苟多帛，亦重綈矣，寒胡爲哉？彼苟無事，亦安居矣，暴露胡爲哉？彼苟免力役，亦暇且逸矣，奔走負載於社棍之室胡爲哉？夫樂飽暖而苦飢寒，厭勞役而安逸豫，人之性也；異其人，何必異其性？〔註20〕

〔註16〕 清・郁永河《裨海紀遊》，頁11。
〔註17〕 清・郁永河《裨海紀遊》，頁27。
〔註18〕 清・郁永河《裨海紀遊》，頁27。
〔註19〕 清・郁永河《裨海紀遊》，頁17。
〔註20〕 清・郁永河《裨海紀遊》，頁37～38。

「異其人,何必異其性」〔註21〕,就是拋開人／非人的劃分,基本上這是一種人道主義的關懷,人本身就是目的,不該被當成工具,能設身處地為人著想,其人格才是健全的,如果郁氏使役他人而無動於衷,或者編派理由麻醉自己,以為人的價值原有高低貴賤,奴役欺壓是自然的結果,那麼人的存在等於沒有沒有尊嚴可言。

　　「以漢族文化為中心構築出一套文化的高低光譜,而整個北上的遊歷就好像這套光譜色度遞減的呈現」〔註22〕,郁氏他在跳脫了人／非人二元區分之後,取而代之是文明／野蠻二分構築出差異的鴻溝,並因此設計出一套更大的教化機制:

> 苟能化以禮義,風以詩書,教以蓄有備無之道,制以衣服、飲食、
> 冠婚、喪祭之禮,使咸知愛親、敬長、尊君、親上,啟發樂生之心,
> 潛消頑憨之性,遠則百年、近則三十年,將見風俗改觀,率循禮教,
> 寧與中國之民有以異乎?〔註23〕

很明顯的這是一個更有力、更影響深遠的漢化計劃,一方面建基於漢文化的優越,一方面則運用愈來愈清楚的各項有關台灣風俗、物產的知識,及更理性的體制。郁永河就曾嚴厲抨擊原來之社棍制度,而希望代以周朝分封同姓及世卿采地的系統,以有效地教化番人,使其能無異於中國之民。

第二節　雅俗之間——郁氏詩與竹枝詞創作

一、詩作部分

　　《裨海紀遊》除兩組竹枝詞家喻戶曉,此外郁氏於康熙三十六(1697)這趟採硫之旅,還創作七言絕句三首;五言律詩七首;七言律詩四首,內容涵蓋感性的歌詠和知性的探討,也應一併關心討論。

（一）旅行經歷

　　常言「讀萬卷書,不如行萬里路」,實際上如果旅行只是走馬看花,並不會帶來閱歷的增長,用心領受不同事物的激發才有可能成長。旅行是在累積個人記憶和記錄歷史,而歷史、記憶是可以藉著人工建築和自然周遭來加深

〔註21〕 清・郁永河《裨海紀遊》,頁38。
〔註22〕 莊雅仲〈裨海紀遊:徘徊於自我與異己之間〉《新史學》四卷三期,頁73。
〔註23〕 清・郁永河《裨海紀遊》,頁36~37。

印象，進一步建構出來的。

　　郁氏的詩作，也可以用這個角度來看，我們考察郁氏的路線，譬如我們知道他曾到過福建的五虎山〔註24〕，所以才會留下這樣的詩句：

　　　浩蕩江波日夜流，遙看五虎瞰山頭；

　　　海門一望三千里，只有羅星一塔浮。〔註25〕

親眼目睹過台灣原住民他們的屋舍，寫下「番舍如蟻垤，茅簷壓路低」〔註26〕，知道原住民他們爲躲避豪雨、溪水暴漲，所以必須將床架高再利用梯子攀爬上去，或者是趕緊爲雞群搬遷，好有個棲身之所等等，細碎但眞實的生活瑣事。

　　同樣地，自然景觀那怕小至一朵花、一棵樹，大至風狂雨暴、造物奇景，都是記憶的材料，康熙三十六年（1697）一月二十七日，郁氏又來到浦尾，岸旁許多老榕樹，根株盤結，離奇萬態，有十餘樹排聯半里而仍屬一株，老榕樹蔭覆垂有一畝地的大小，經年累月的風霜雨露，反而使之茂盛，郁氏就維舟其下，因愛其榮茂如昔，爲之賦詩云：「榕陰垂一畝，斤斧慨無施；臃腫多駢榦，蟬蜷盡附枝；風霜經飽歷，歲月自榮滋。相見長如此，曾無凋落時？」〔註27〕

　　郁氏到內北社一探硫穴所在，加以描寫出的情景，「碧澗松長槁，丹山草欲燃」〔註28〕，當地是草木不生，地熱如炙；左右兩山許多巨石，都因爲硫氣的緣故而剝蝕如粉。白氣五十餘道，皆從地底騰激而出，沸珠噴濺，出地尺許。「怒雷翻地軸」〔註29〕，聞怒雷震蕩地底，而驚濤與沸鼎聲間之；地復岌岌欲動，令人心悸。右旁巨石間，一穴獨大，郁氏他想巨石沒有塌陷下來的顧慮，所以站在石上俯瞰，結果出乎意料穴中毒焰撲人，目不能視，觸腦欲裂，所以趕急退後百步。左旁一溪，聲如倒峽，即沸泉所出源。郁氏的衣服也因此染上硫磺的氣味，累日不散。這樣的親身經歷終於讓他明白一直以

〔註24〕「五虎山又名五虎門，在海中，屬嘉登里〔裨海紀遊〕兩山對峙勢甚雄險，爲閩省門戶。」徐景熹《福建省福州府志（一）》，頁89。「府東百里大海中有五虎門，與江口相接，明初，湯和由海道取福州處也，山下爲官母嶼，巡司置於此，相近者有浮江山，亦曰文筆山，對峙者曰王埔山，居民皆以捕魚爲業，又琅琦山，亦在府東海中，一名羅崎山，其旁又有清洋、福斗諸山。」顧祖禹《讀史方輿紀要》，頁3983。

〔註25〕清・郁永河《裨海紀遊》，頁2。

〔註26〕清・郁永河《裨海紀遊》，頁20。

〔註27〕清・郁永河《裨海紀遊》，頁2。

〔註28〕清・郁永河《裨海紀遊》，頁25。

〔註29〕清・郁永河《裨海紀遊》，頁25。

來的倒峽崩崖，轟耳不輟者，是硫穴沸聲也。

讀其詩如讀其人，郁氏原是個實事求是的人，他的詩作反應出最大的特色也正是寫實，姑且不論它們在藝術價值上的高低，至少是言之有物的誠實之作。而《裨海紀遊》雖說文學體裁上，是一本遊記，但對於後人的助益，卻是幫助我們了解早期台灣社會的景況。他旅遊途中所創作的詩，與其說是他個人生活的點滴，不如視爲我們所共有的歷史記憶。

（二）對景抒懷

詩常常是情感與時空景色交融不分的，詩人將時空景物作爲發抒自己心中塊壘的機緣，所以景中可以含情，情中可以寓景。江寶釵認爲「郁永河的律詩清新雅緻，而又富有感情，風采別勝，與他的兩組竹枝詞大相逕庭」〔註30〕，這一部分筆者以爲應該是指對景抒懷這幾首詩而言。對中國傳統文人來說，遊歷本是增廣見聞、抒發情感的重要手段，而我們也可以從郁氏來台前後的詩作中，了解郁氏在心境上的轉折。

郁氏在未渡台前三年已遊遍八閩，且自述「凡山川幽窅之區，固不足歷而目覽焉」〔註31〕，語氣當中似頗爲自豪，然而不能免俗似的，傳統文人總會憂傷歲月的流逝，而留下帶有一絲絲感傷的作品，郁氏亦然，所以當他在康熙三十六年（1697）元月二十六日，六過相思嶺時〔註32〕，寫下「獨有蒼蒼雙鬢色，經過一度一回新」〔註33〕這樣的句子。除此之外，再看他的兩首詩：

山色曉逾潔，溪聲靜自流；

人言隔隴阪，犬吠出村陬；

細雨沾衣濕，輕寒動客愁；

白雲眞可羨，舒捲在峰頭。〔註34〕

曉起藍輿逐隊行，今朝差喜得春晴；

翻畦早麥初成穗，曉徑寒流自有聲；

〔註30〕江寶釵〈清代台灣竹枝詞新論〉《第二屆國際清代學術研討會論文集》，頁639。
〔註31〕清‧郁永河《裨海紀遊》，頁1。
〔註32〕「常思嶺在方岳里，城東南一百二十里，界於福清，高數千仞，袤二三里，又名相思嶺。」徐景熹《福建省福州府志（一）》，頁92。「常思嶺在府東南百二十里，高數百仞，袤三里許，一名相思嶺，閩縣東南盡處也。」顧祖禹《讀史方輿紀要》，頁3983。
〔註33〕清‧郁永河《裨海紀遊》，頁2。
〔註34〕清‧郁永河《裨海紀遊》，頁2。

隴阪雲移青嶂合，郊原風蹴綠波平。

年來已識躬耕樂，何事勞勞又遠征？〔註35〕

　　除了少了遭貶之怨外，這樣的字句可說有子厚之遺風，而郁氏也很顯然地以昌黎、子厚自比，郁氏就說：「令子厚知有此境，視播州天上矣」〔註36〕，綜觀郁永河在內地時所賦的詩，可以很清楚地看出他在未渡台時的心境，是帶點山光水色恬淡和細雨輕寒的多愁善感。而且難免受到中國傳統文化中，陶淵明的「採菊東籬下，悠然見南山」閒雲野鶴般的影響，一種對隱逸生活的嚮往，我常覺得這就像是內在存在另一種不安定的靈魂，也是天性的驅動，讓人在急進的刹那，停了下來思考，將腳步放緩。

　　基本上，郁氏在內地的生活是相當愜意，他自己也說已明躬耕之樂，比起為三餐溫飽忙碌的人，郁氏尚有餘裕，偕友人遊歷山水之勝，又有奴僕隨侍在側，歡飲竟日，才相共踏月歸，常是「盤礴不知春日永，欲尋歸路幾番迷」〔註37〕；而且不險不奇者，是不能滿足他行旅之心，所以如果不是像虎谿巖上「絕頂多奇石，嶙峋聚一叢；懸崖臨巨壑，疊嶂吼長風」〔註38〕，對於「性耽遠遊，不避阻險」〔註39〕的他，是不會滿足的。

　　台灣之所以吸引他，亦無非是這樣的心態使然，這就像是進行一趟冒險奇遇，然而郁氏一離開內地，才來到澎湖，便覺得自己是「浩蕩孤帆入杳冥，碧空無際漾浮萍」〔註40〕，在浩蕩的海上，孤單的帆船駛入深遠幽暗，徘徊四顧，天水欲連，「似向遙天飄一葉，還從明鏡渡纖塵」〔註41〕，一舟蕩漾，像似塵埃落在明鏡之中，他獨坐舷際，皎月未上，水波不動，星光滿天，身處其中，遂覺宇宙皆空，露坐甚久，久久不忍就寢時，他心中或許在問，此去安危茫然不知，要以怎樣的心情面對？

　　然而台灣並沒有給他充分的時間準備，種種文化上的衝擊，來不及去釐清分辨，待完成的任務背後一件件的細微末節督促著他，甚至置身於險境，絕處逢生的緊要關頭，直到起程回鄉的航路都還因河海險惡、盡是驚濤駭浪的紛擾，

〔註35〕清・郁永河《裨海紀遊》，頁3。
〔註36〕清・郁永河《裨海紀遊》，頁27。
〔註37〕清・郁永河《裨海紀遊》，頁4。
〔註38〕清・郁永河《裨海紀遊》，頁4。
〔註39〕清・郁永河《裨海紀遊》，頁1。
〔註40〕清・郁永河《裨海紀遊》，頁6。
〔註41〕清・郁永河《裨海紀遊》，頁7。

而覺得隔外遙遠，感覺上他連喘氣的機會都沒有，好在終於是「暫息滄州駕，還瞻故國雲；鐘聲與禪誦，清響得重聞」〔註42〕，我們可以預見郁氏再次聽聞那厚實的晨鐘聲和清悅的禪誦聲，臉上深呼吸、心中大石落下微笑的表情。

二、竹枝詞部分

郁氏所創作的三十六首竹枝詞〔註43〕，則至少包含三項特點：一是就文字表現手法而言，明白如話，比較俚俗。二是由於其創作與台灣早期平埔族社會相關，保存了部分當時所使用的語言的音譯、語言特質。三是在內容上，以其親身經歷反應當時台灣的現況和其所聽聞的事件。

（一）竹枝詞的概說和爭議

人們創作的題材和生活週遭環境有著密不可分的關係，竹枝詞源於四川地區，其地盛產竹，竹之於當地，是既具象徵意義和實用價值，居民奉竹或竹母神為圖騰，「竹或竹枝對於巴蜀人民來說，既是頂禮膜拜的竹王寄身所在乃至於竹王的形象象徵，亦是用以驅凶求吉的靈物」〔註44〕；竹亦可製作成矛、刀等武器，或以竹作為勞動生產工具。

竹枝詞原做為四川一帶居民表達謀生不易、傾訴貧苦無奈的形式，在歷史上經過漢代和唐代兩次變革，使得竹枝詞由民間走向文人；由尋常百姓走向王公貴族。竹枝詞多半以豔情與風土兩種主題風格來做劃分，實際上就竹枝詞本身傳達的意義上並不適宜絕然二分，江寶釵認為「豔情竹枝與風土的關係，是從豔情中直觀風土」〔註45〕，筆者以為所言甚是。至於底下所要探討的郁氏竹枝詞部分則屬於風土竹枝詞，無涉於豔情敘述，而這僅就其描寫內容而言，以避免與談及男女之思混淆；風土竹枝詞雖以方言土俗、草木鳥獸為客觀素材，但將之視為一項創作來看，亦能從中尋覓郁氏個人主觀的心靈情志。

學者研究竹枝詞仍有許多未決的問題，首先是竹枝詞的音樂性，竹枝詞

〔註42〕清・郁永河《裨海紀遊》，頁42。

〔註43〕包括〈臺郡竹枝詞〉十二首和〈土番竹枝詞〉二十四首。清・郁永河《裨海紀遊》，頁14～15和頁42～45。

〔註44〕屈小強〈從民間「竹枝詞」到文人「竹枝詞」〉《民間文學論叢》六期，頁54。

〔註45〕「豔情與風土，乍看似乎是兩個不相容的主題，實則不然。早在《詩經》，淇澳之歌，就已是『國風』之一，朱熹視為里巷男女相悅之詞。這是因為男女者，向來是人情之極微極重，最能觀地方風俗。更何況，民間歌謠見物起興，原本也充滿了地方特色。」江寶釵〈清代台灣竹枝詞新論〉《第二屆國際清代學術研討會論文集》，頁623。

源自於民歌，原本即是詩舞歌三者合一：

> 《竹枝》本出於巴渝。唐貞元中，劉禹錫在沅湘，以俚歌鄙陋，乃
> 依騷人《九歌》作《竹枝》新辭九章，教里中兒歌之，由是盛於貞
> 元、元和之間。禹錫曰：「竹枝，巴歈也。巴兒聯歌，吹短笛、擊鼓
> 以赴節。歌者揚袂睢舞，其音協黃鐘羽。末如吳聲，含思宛轉，有
> 淇濮之豔焉。」〔註46〕

或因音樂改變與遺佚，漸漸演變成完全無法被入管弦的竹枝詞。至於字數編
排方面，雖大多數是七言四句，但並不是確立固定的規則，竹枝詞早期即是
人們隨口唱作，只求能抒發情感、容易上口，在形式上就不那麼計較。

另一方面是有關竹枝詞敘述內容真實性問題，「清代許多作者把竹枝詞完
全變成了記述風土之詩，只顧記事，不注重抒情，成了地方志、民俗史的注
釋和補充」〔註47〕，但竹枝詞成為一種文藝創作時，其中即摻雜作者的情志
和文化教育背景的影響，如何排除主觀因素找出符合歷史真相的部分。

（二）〈臺郡竹枝詞〉和〈土番竹枝詞〉

「璞多於玉」是清初台灣原始社會和竹枝詞這種文學體裁一致的特性，
於是我們可以說用竹枝詞的形式來表達清初台灣原始社會的面貌是蠻適切。
由於地理環境特殊，台灣孤懸海上，島上居民生活簡樸平實，衣食住行樣樣
自給自足，處處是純質的樣態，絕少斧鑿的痕跡，「璞多於玉」就成為獨特的
台灣地方型態，自蔚其斑斕的光彩。而郁氏的〈臺郡竹枝詞〉和〈土番竹枝
詞〉這兩組竹枝詞，又為台灣的竹枝詞的源頭，一談及台灣的竹枝詞，例如
陳香《臺灣竹枝詞選集》和翁聖峰《清代臺灣竹枝詞之研究》，皆視郁氏竹枝
詞作品為台灣首見之竹枝詞是不爭之論。

1、自然／蕪陋

從文學觀點來看，郁氏竹枝詞的內容主要在記錄風土民情，語言文字不
會艱澀饒舌，一任自然的風格，汪毅夫曾說郁氏這些竹枝詞平實自然，毫不
做作，既有「客觀描寫」，又表現了詩「主觀情感」，俚俗詼諧，有較高藝術
的欣賞價值。而廖雪蘭以為這二組竹枝詞是以「遊覽客」的眼光，描寫當時
所見，入木三分，令人對三百年前的台島生活情況感到興趣〔註48〕。平心而

〔註46〕郭茂倩《樂府詩集》，頁1140。
〔註47〕李廷錦《楊柳青青江水平——歷代竹枝詞賞析》，頁7。
〔註48〕參見廖雪蘭《台灣詩史》，頁98。

論，清代文人渡海來台，通常以採記查考為第一考量，發揮實事求是的精神，詩韻並不是重點，所以從文學的角度，不免讀之如同嚼蠟，也無怪李廷錦在肯定竹枝詞做為史實補充之餘，還是要說「從文藝的角度來看，畢竟缺乏詩味和美感，失卻感人的藝術力量」〔註49〕。

　　竹枝詞它做為反應民間的文學媒介，向來即處於雅俗間的模糊地帶，

　　意象比興之美感，原就不是竹枝詞所訴求的重點，往往因此會讓人產生雜而無章的印象，李慈銘曾提出類似的批評，「敘述不免蕪陋，間附絕句，亦俚拙。敘次平實，不加刪削，故難免蕪陋」，而關於這一點，江寶釵則詮釋「李慈銘的蕪陋說著眼於竹枝詞的形式，由於竹枝詞記風土，難免鉅細靡遺，斐然成章，不事剪裁，不難理解」〔註50〕。

2、補史／夸奢

　　從史學觀點，尤其是清初台灣自然環境和原住民文化面貌的記載，竹枝詞的內容，即使其敘寫文句如「銅箍鐵鐲儼刑人」〔註51〕、「老翁似女女如男」〔註52〕，間帶有詼諧性，筆者認為也能表露出另一種型態的史實；此外，郁氏為竹枝詞加注的部分，例如當時鐵板沙形成自然天險的鹿耳門，郁氏寫到「鐵板沙連到七鯤，鯤身激浪海天昏」〔註53〕即自注云：「安平城旁，自一鯤身至七鯤身，皆沙崗也。鐵板沙性重，得水則堅如石，舟泊沙上，風浪掀擲，舟底立碎矣。牛車千百，日行水中，曾無軌跡，其堅可知」〔註54〕，和現在土質學研究所得結果一致。郁氏竹枝詞文字本身和他為竹枝詞所下的注釋，都是今天研究早期台灣社會很重要的史實說明，對研究台灣自然環境、民俗學或社會學有重要的參考價值。

　　當然郁氏竹枝詞能否做為史料參考，也有人持不同的看法，譬如連雅堂在〈臺灣裨乘序〉裡說：「顧文運雖開，而書缺有間。裨海之遊，東槎之錄，瀛壖之詠，赤嵌之談，事類鑿空，語多浮蕩，君子恥焉」〔註55〕，以為多是鑿空浮蕩不足為信，而關於此點筆者和江寶釵的想法不謀而合，故茲錄如下：

〔註49〕李廷錦《楊柳青青江水平——歷代竹枝詞賞析》，頁7。
〔註50〕江寶釵〈清代台灣竹枝詞新論〉《第二屆國際清代學術研討會論文集》，頁637。
〔註51〕清‧郁永河《裨海紀遊》，頁43。
〔註52〕清‧郁永河《裨海紀遊》，頁43。
〔註53〕清‧郁永河《裨海紀遊》，頁14。
〔註54〕清‧郁永河《裨海紀遊》，頁14。
〔註55〕連雅堂《雅堂文集》，頁39。

但連氏所說的「鑿空」、「浮蕩」則值得推敲。它們意謂著什麼？原來，台灣早期詩歌筆記中的傳說題材與色彩，以爲竹枝詞本其記風土之「異」的特性，更難免夸奢之處。連氏從史學家的立場出發，以爲這些是鑿空浮蕩之言。然而這些鑿空浮蕩、無法求證、不可盡信的材料，卻仍然是裨補正史的憑藉，其原因就在「書缺有間」，文獻不足，只好姑且存載其說，以俟來者。〔註56〕

　　陳香經過十餘年的窮搜累積，堅守以趣味性、寧缺不濫、力求客觀、不偏激四項原則〔註57〕，遂錄寫成了《臺灣竹枝詞選集》，而郁氏的作品，亦在選錄之列，足代表郁氏之作符合上述四項要求；另外《臺海使槎錄》〔註58〕、《重修福建臺灣府志》〔註59〕、《鳳山縣采訪冊》〔註60〕等書，雖然把郁氏自注的部分刪除，但竹枝詞的部分仍被視爲重要的文獻參考資料引用。總括來說，郁氏的〈臺郡竹枝詞〉和〈土番竹枝詞〉這兩組竹枝詞，係清代台灣竹枝詞的代表作之一，評論者頗眾，他們縱令是同異參差、褒貶並陳，反而是提供我們認識清代台灣竹枝詞一條極佳的道路。

第三節　後續發展的文學創作

一、西川滿與〈採硫記〉

（一）迷戀台灣的西川滿

　　昭和十八年（1943）葉石濤因應邀至台北的文藝台灣社當助理編輯，而和西川滿同事約九個月的時間，據葉石濤的了解，西川滿挺注重日常起居的細節，不論冬夏，外出時總是西裝筆挺，一絲不苟；且儘管他外表如此嚴肅，但內在的西川滿卻有一顆能洞察人機微細膩深思的心，而這也造就他一生直

〔註56〕 江寶釵〈清代台灣竹枝詞新論〉《第二屆國際清代學術研討會論文集》，頁 637。
〔註57〕 「一、以趣味性爲主──味同嚼蠟，毫無風趣的，不取。二、寧缺不濫──跡近低級趣味的，或言之無物的，一律捨去。三、力求客觀──語涉阿諛諂媚、歌功頌德的，都儘量割愛。四、不以偏激爲尚──謔而又虐、有所攻訐的，亦皆摒掉。」陳香《臺灣竹枝詞選集》，頁 277～278。
〔註58〕 錄有〈臺灣竹枝詞〉十二首，〈土番竹枝詞〉二十四首。黃叔璥《臺海使槎錄》，頁 75 和頁 173～174。
〔註59〕 錄有〈土番竹枝詞〉二十四首。劉良璧《重修福建臺灣府志》，頁 586～587。
〔註60〕 錄有〈臺海竹枝詞〉四首，〈土番竹枝詞〉八首。盧德嘉《鳳山縣采訪冊》，頁 506～507。

到九十一歲（1999），從未停止寫作，源思不絕的要因，所以葉石濤在〈敬悼西川滿先生〉一文中說到「不管你喜歡不喜歡他，你不得不承認他是夠偉大的作家，至少至死爲止他從沒有放下他那一枝描寫台灣的筆」〔註61〕。

　　西川滿畢生追求唯美的哲學和文學，進而發展出充滿台灣絢爛色彩的風土文學，和他與生俱來的優越條件是極具相關，「西川先生於日本的上流階級，很接近日本的華（貴）族階級。他的父親西川純先生是台灣煤礦王，從小，西川先生過的是高人一等的富裕生活，他從來不愁衣食，他的父親擁護他的文學事業，以龐大的財富支持他展開文學活動。他的祖父也曾做過兩任日本若松市市長。他與生俱來的這優越環境，從他的外貌、衣飾、舉止上可以看得出來」〔註62〕，但經濟上的寬裕畢竟不能等同於個人的才華和對台灣的熱愛。

　　那麼台灣對西川滿的吸引力何在？爲什麼西川滿願終其一生的眷戀？其實西川滿他三歲來台，三十九歲隨船撤退回日本，三十多年的歲月，台灣作爲西川滿文學創作的素材，早已根深蒂固，甚至遠超過他和母國日本間糾葛的程度。楊照就曾對西川滿之所以選擇台灣的意義做過探析，他認爲主要是在於台灣可以提供西川滿「空想」的題材，而西川滿眞正喜歡、眞正著迷的，卻是他自己心目中的一個原始的、未開化的、迷信迷亂的台灣。「華麗島」不單單是一雜誌的名稱〔註63〕，它更是台灣的名字，「在他的眼裡，在他的筆下，台灣所展現出的特色，也正就是『華麗』。南方驕艷陽光照射下，處處閃耀出與北國非常不同的刺激性原色，同時還帶有前現代的蠻野儀式到處吵雜，在濃烈的顏色與狂暴的聲音間傳遞著活潑，卻又帶點危險性的生命力」〔註64〕，台灣的異樣情緒和神秘氣氛，揉合西川滿唯美浪漫的偏好，融匯發酵的結果，無怪乎要以爲「西川滿的文學」＝「台灣的西川滿」。

〔註61〕 葉石濤《追憶文學歲月》，頁109。
〔註62〕 葉石濤《追憶文學歲月》，頁107。
〔註63〕 「一九三九年，日本在台作家西川滿、北原政吉、中山侑等人籌備成立「台灣詩人協會」：成員還包括有台灣作家楊雲萍、黃得時、龍瑛宗等人。……同年十二月，「台灣詩人協會」的機關雜誌「華麗島」，由西川滿、北原政吉主編共發行了一期。「華麗島」共收有六十三人之作品，卷頭言由日本右翼作家火野葦平所執筆。」葉石濤《台灣文學史綱》，頁59。
〔註64〕 楊照〈迷戀「華麗島」的西川滿畢生不脫異國豔情風格〉《新新聞》六二九期，頁84～85。

（二）文化交流的〈採硫記〉

〈採硫記〉原是西川滿發表於《文藝台灣》一九四二年三月、四月及五月號，爾後經高雄春暉出版社出版一系列西川滿小說，〈採硫記〉由葉石濤譯文。小說由三個部分構成，「發端篇」以「郁永河初次仰視坌嶺（觀音山）」寫起，以倒敘的方法，回述郁永河來台緣由、渡海過程，而把重心放在台南到淡水所見所聞。「中篇」描寫煉硫的方法和經過，對原住民的生活習俗、慶典活動多有著墨。「下篇」因大暴風雨襲來，河水漫肆成洪水，煉硫工作中輟，幸再另起爐灶，終是任務完成，起椗解纜踏上歸途。

和郁永河《裨海紀遊》，最大的不同是，西川滿以相當多的篇幅，描寫原住民獨特的慶典和社會結構。比方寫到豐年祭，原住民唱著「祖公啊祖母啊請來享受這酒，這飯、這菜托你庇蔭年年歲歲在東在西成熟的稻米扛不盡的鹿群」喜悅之歌，參加這樣的活動就必須多吃多喝，否則原住民他們會不高興呢。又譬如原住民社會結構和漢人父系制度截然不同，小說中的郁永河和張大參與一酒宴，就在反應此一事實，原住民「當相戀的男子的婚約決定時，有互相都鑿齒的風習以及蕃人的家族制度爲母系中心」。

西川滿在「下篇」一開始描寫郁永河慎重其事的舉辦中元節祭典，準備燈篙、放水燈，以招亡靈的儀式，再通過故事中「那漢」的角度，透露「在蕃人的世界裡，死人是污穢的。把那亡靈特地招回來是無從瞭解的事」，發展到「那漢」竟拜託郁永河爲他放水燈，好讓他能和已死的明朗少女有所交集。戲劇性的轉折，當中值得一提的是，原住民和漢人在習俗節慶上縱然有些差異，進而能互爲影響，文化間激化的火光，撫慰不同族群的內心，所以同樣面對深夜暗矢的威脅，西川滿筆下的郁永河不再只是蹈「非人之境」的無奈，轉而冷靜的判斷，「眾多的蕃人呢，偶爾也有心狂的男子出現，不過不能由此單一個人就把所有蕃人當做兇惡之徒」，並坦誠自己對原住民他們懷有深刻的感情。

二、葉石濤與〈採硫記〉

（一）耕耘鄉土的葉石濤

葉石濤對台灣鄉土文學的主張，在他所發表的〈台灣鄉土文學史導論〉和《台灣文學史綱》中一再被強調：

> 很明顯的，所謂台灣鄉土文學應該是台灣人（居住在台灣的漢民族
> 及原住居民）所寫的文學。儘管我們的鄉土文學不受膚色和語言的

束縛，但是台灣的鄉土應該有一個前提條件；那便是台灣的鄉土文
學應該是以『台灣為中心』寫出來的作品；換言之，它應該是站在
台灣的立場上來透視整個世界的作品。

　　葉石濤確信「從特殊的鄉土的發掘出發，發揮人性的光輝，繼而昇華為
普遍的，人類共有的人性。毫無疑問的，這是大多數臺灣作家所採取的途徑，
而這一途徑也是正確的」〔註65〕，我們也由〈台灣鄉土文學史導論〉可再歸
結出四項更具體的說明：第一，台灣鄉土文學必須具備台灣意識。而「『台灣
意識』必須是跟廣大台灣人民的生活息息相關的事物反映出來的意識才
行。」；其次，反映台灣經驗的文學，一定是「反帝、反封建」的文學。第三，
台灣鄉土文學是批判性的寫實文學。第四，台灣文學的歷史，應上推到荷蘭
時代，把「近三百年間的宦游人士的吟詠詩文及遊記」包括在內，不再以一
九二○的新文學運動為起點，也因為把時間上溯，本文的研究對象《裨海紀
遊》和黃叔璥的《臺海使槎錄》二書，能被列入台灣文學的行列中討論，而
為台灣在康、雍時代的「散文雙璧」〔註66〕。

　　葉石濤這樣一位受日治教育薰陶的知識菁英，在一九四○戰火頻仍的年
代裡開始文學創作活動；戰後白色恐怖的牽連，又迫面臨語言轉換和國家認
同等問題，他中斷了創作；一九六○年代以評論家的身份開啟新的文學生涯，
一路走來坎坎坷坷，在時代環境的雙重人格之下，他更能直探屬於人的內心
世界，而在社會地位、種族膚色等等世俗的劃分，找到了雙重擠壓下，心靈
之路和文學的根，「他是台灣社會、人群靈魂的追逐者，他的一生、他一生投
注的文學；正是扮演了這樣的角色，正是這樣的爭逐的記錄」〔註67〕，彭瑞
金說葉石濤像「文學地母」〔註68〕，看待葉石濤的文學，「不用文學發明者或

<hr>

〔註65〕吳濁流《亞細亞的孤兒》，頁17。
〔註66〕「黃叔璥來臺以後頗通曉臺灣山川風土民俗，其著作『臺灣使槎錄』，由『赤
　　　　嵌筆談』、『番俗六考』、『番俗雜記』三部分所構成，跟郁永河的『裨海紀遊』
　　　　相提並論，為描寫臺灣風土人物景觀的散文雙璧。」葉石濤《台灣文學史綱》，
　　　　頁4。
〔註67〕彭瑞金《葉石濤評傳》，頁4。
〔註68〕「他始終是溫和的文學人，這與他對文學追求的貞定態度和對文學觀的堅定
　　　　立場不一樣，他幾乎不曾和人家打筆仗，不和人爭執，只是堅定地陳述自己
　　　　的文學觀念和主張，像文學地母一樣，寬容地吸納各方的見聞，又像取之不
　　　　盡、用之不竭，永不休止地吐出他對文學的愛和光。」彭瑞金《葉石濤評傳》，
　　　　頁44。

發現者看葉石濤，用文學耕耘者來看他，更接近他的文學行程，也可以減少一分對他的敵意，對種田的農夫，除了感激，還有什麼可責怪的呢」〔註69〕？

（二）微光照明的〈採硫記〉

這是一部短篇小說，分為六小節，而在第一小節即將故事的場景拉到淡水，此後便鋪陳在淡水這個地方發生的點滴，內容篇幅不長、描寫集中，簡化了人物和行程，是篇小巧而旨意清楚的作品。

小說突顯兩大主題，一是文明和野蠻的分野，是弔詭的。文中特意穿插一原住民婦女難產而死的段落，提到當時原住民族由巫婆負責接生的工作，而「她們揉孕婦的肚皮，搥它，敲它，甚至會爬到她的上面使勁的踐踏」〔註70〕，終導致婦女的慘死，反應出原住民的無知；為此，小說中的主人翁郁永河，他猝然思及「紅毛三十八年之感化，鄭氏三代的悉心經營，只不過是一瞬即逝的歷史的陳蹟罷了；他們無能為力，它們無法革除這根深蒂固的陋習。然而真的無能為力嗎？光明和文化敵不過黑暗和野蠻？假若真的敵不過，那麼到底為的是什麼？癥結在那裡？」〔註71〕。而當他們一行人因羽蟲來襲，大家是疼癢難忍，抓得自己鮮血直淌時，一旁的原住民反倒是因皮膚上抹著墨水般的黏液，除偶爾不耐煩地抹抹臉孔，把羽蟲刷下來，都能夠泰然處之；當然郁永河始終相信自己是屬於文明的一方，即使是疼痛難耐，他也是想著「文明終敵不過野蠻嗎？不！不！那只不過是他習慣成性，不怕羽蟲罷了！」〔註72〕

只可惜郁永河這樣一位角色依舊是以大中華自居的，台灣在他眼裡僅是王土所附帶的一部分，所以講到這批令人頭痛的化外之民，他苦苦思索的結果，仍是禮樂教化的那一套：

> 假若化以禮義，風以詩書，教以有備無之道，制以衣冠飲食，冠婚喪祭之禮，也未嘗不可使他們個個成為中華之民，未嘗不可使瘴癘之地化為王道樂土。只要尊重個人的尊嚴，剷除惡吏之貪婪剝削，他相信，此地將成為中華之民宜於安居樂業的豐裕多采的土地。〔註73〕

郁永河他對台灣的原住民雖流露出悲憫之情，但畢竟以征服先鋒開路者

〔註69〕彭瑞金《葉石濤評傳》，頁20。
〔註70〕葉石濤《採硫記》，頁4。
〔註71〕葉石濤《採硫記》，頁4。
〔註72〕葉石濤《採硫記》，頁8。
〔註73〕葉石濤《採硫記》，頁12。

自期，視原住民族為化外之民，愚昧悍桀，仍未互重互容，接受文化的多元，截長補短的彼此注泡。

另一個主題則是郁永河此行所代表的意義何在？這幾個月的經歷所帶給他感受和反省，文中郁永河不停自問此番台灣行的意義為何？是為公採硫土？還是自幼愛好冒險犯難的個性使然？顯然都不是。

> 你仔細聽著，我們只不過是瞬息即逝的那幽光罷了，我們以短暫的
> 時間掠過這未開的原野，照亮了黑暗，開闢了一條路。儘管我們只
> 是照亮了那麼丁一點兒空間，微不足道的一閃掠光，然而我們卻照
> 亮了路，使我們消逝之後那些後來者得以前仆後繼地跟著我們而
> 來，絡繹不絕於路，直到永恆，絕不停止。那麼這埋冤之地將有一
> 天會成為繁華的都市，豐美的田園，使我們中華之民永遠居住在這
> 裡，建造地上的樂園了。〔註74〕

這無疑是葉石濤替郁永河提出的一種說解，寫作這個題材的小說，除了肯定《裨海紀遊》的存在價值，想像時光回溯至三百年前，台灣雖非荒無人煙，但太多的未知，隨時引發致命的危害，身為台灣人的我們，也許心中不免有惑，是怎樣的一個動機，讓郁永河甘冒生命危險來台？此處便傳達出葉石濤對郁氏來台的意義所做的解答。

三、顏金良與《前進老台灣——郁永河採硫傳奇》

（一）關心台灣的顏金良

從師範大學地理系出身的顏金良，自大學時期開始，對於和台灣相關的問題產生興趣，也就付出較多的專注在這方面，大量閱讀和台灣相關的書籍，《裨海紀遊》就是他在大一時看過的書，他覺得這本書很有趣，因為郁永河在三百年前那麼早的時刻又沒有接受過科學訓練之下，所寫的台灣地理景觀，還蠻接近事實的，而這也為日後他寫就《前進老台灣——郁永河採硫傳奇》埋下種子。在台灣問題還不受關注的年代裡，他還曾一度為得過兩次金鼎獎的《綜合月刊》寫過專欄，專欄名稱是〈寫我故鄉〉，內容就在描述有關台灣這片土地。而一、二十年來在台南女中教授地理的時間，除不斷吸收新知以增加自身在專業上的認識外，針對在台灣這塊土地上所發生的點滴無不隨即的注意，也能提出自己的見解，在潛移默化當中影響到學生和周遭的親友。

〔註74〕葉石濤《採硫記》，頁24。

國語說得不錯的他，在白色恐怖時代，在那個講台語人家會覺得怪怪的年代，很多場合裡他還是習慣用台灣話，就連家裡的小孩也一定要求他們講台灣話，他曾說過自己是「相當台灣的台灣人」，從他講這話時認真激動的語調表情，筆者心中一股撼動——現在的台灣它縱然不完美，明天的它卻會不停地進步，因為在許多不知名的角落有人在為台灣恨鐵不成鋼的焦急、默默努力奉獻心力。

（二）寓己於書的《前進老台灣──郁永河採硫傳奇》

對於這部小說創作，顏金良自己是這樣說的：「一方面是探險故事；一方面是表現三百年來台灣地理景觀跟風土民情，那當然如果純粹講這個會太深硬，所以是幾個方面的綜合，再虛構人物情節所寫成的一部小說。簡單的說，就是要把台灣三百年前的原貌穿插在有趣的情節故事裡，倒不是很嚴謹的學術性的東西。我希望這是一本大眾化的小說，大家都能夠看得懂，而且願意把它看完」，筆者認為這目標已然達成，當位讀者時，會一直跟著文字想探尋結局，而將故事看完。

這本小說之所以誕生，除了顏金良自身的地理專業素養背景外，最重要的一點是，他曾因出版了一本名為《迎接聯考的小妞》，受過許多不必要的曲解，心裡有苦難言，藉由文字稍微獲得紓緩，小說前段在府城一帶的描寫，就在「德行不是用講的，是用做的；不是做給人看，是做給天地鬼神看的。我會做給天地鬼神看的」〔註75〕這樣一個主題下貫穿；而這本書中郁永河這個角色就是在影射顏金良他自己，故事中的郁永河具有見義勇為的人格特質，很多很多事情強調對得起自己的良心，於天地間俯仰無愧。

小說另一方面也在表達顏金良對弱勢團體的看法，他表示自己小時候在鄉下地方過得並不好，所以也可以和一位不認識的農夫談得很愉快，對於原住民等弱勢團體是有濃厚的同情和了解。像書裡這段原住民婦女請郁永河他們吃糖的情節，很能反應顏金良的生活和心情。

> 「這是她們的禮貌，逢到唐山人來，常以煙糖待客。只是我每想到
> 她們那種陰暗齷齪的住家，就陣陣噁心，那敢吃她們的東西。」鄭
> 名洲向郁永河說。郁永河留意到那木盤，幾乎已看不出原木的紋路
> 與色澤，上面還積了一層烏黑粘滯的污垢。那兩根長煙斗呢，情況
> 也差不多。他的確有陣陣噁心的感覺。但是當他接觸到那少婦的眼

〔註75〕顏金良《前進老台灣──郁永河採硫傳奇》，頁48。

　　光，是那麼誠摯，那麼純潔，他衡量潔淨與污穢的標準，頓時由現
　　實的概念中昇華了起來。他震撼了，他真正接觸了人性中最純淨最
　　高潔的一面。於是，他順手在盤中拿起了一小塊糖，塞入嘴中，然
　　後含笑點頭向少婦致意。那少婦帶著歡欣滿意的笑意，又將盤子端
　　進屋去。〔註76〕

　　人性中最潔淨的部分，是早已超越世俗的標準，由現實的概念中昇華了，
顏金良至今對原住民依然寄予相當大的人道和尊重的觀點，筆者問起他對於
目前生活在台灣的原住民族的想法，他回答說：

　　我是相當同情他們，我是覺得台灣的原住民受政府的照顧不夠，你
　　看原住民跑到城裡面來，幾乎都是做建築工人，要不然就是靠體力
　　從事一些較危險的工作，然後攜家帶眷到都市來，住在危章建築裡
　　面，工作今天結束再換一個地方，沒有水也沒有電，整個包括子女
　　教育、居住環境都是問題。我是認為原住民沒有受到應該有的照顧，
　　例如工作的安排，我們雇請外籍勞工，不錯，在台灣有許多勞力工
　　作沒有人要做，但為什麼不優先考慮在台灣的原住民？你外勞進
　　來，自然搶了剝奪他們很多工作機會。

四、報導文學

　　張系國在〈歷史、現實及文學——報導文學獎評心得〉對報導文學的特
點做出三點說明：首先，有計劃的選擇真實材料，納入特定的文學架構裡，
而材料本身可來自對現實社會的觀察，或者包括歷史敘述及史料。其次，通
過作者的匠心安排，報導文學一樣能產生和小說相同的效果，可說是人性化、
戲劇化了的歷史或傳記；這裡所說的傳記，不止是個人的傳記，也可能是一
群人、一棟老屋、一條河流、或一種風俗習慣。第三，和新聞報導或史料集
叢不同，報導文學的作者可以在作品裡發揮個人的見解，表達個人的觀感，
甚至個人也介入所報導的事件裡〔註77〕。企圖了解自身成長的這塊土地歷
史、現實社會的面貌，報導文學便能及時提供一些答案。

　　循著郁永河的腳步再走一次，真切體驗而來的文字記錄，馬以工和漢聲雜
誌社都曾採此方式呈現，這是《裨海紀遊》一書後續文學發展，另種別具風格

〔註76〕顏金良《前進老台灣——郁永河採硫傳奇》，頁89。
〔註77〕參見高上秦主編《時報報導文學獎》，頁413～414。

的類型，尋古之幽情，自然發抒在字裡行間。沿路行來，茅屋變高樓、莽葛變飛機，利用報導文學的方式，重新瀏覽了這三百年台灣滄海桑田的變化。

我們不妨先來看看〈幾番踏出阡陌路〉，對半線社（彰化）這一地方的描寫：

> 半線社（彰化）……這裡的路也開始多石，車子走得十分緩慢，再加上已進入山區，多上坡，路當然就更不好走，郁永河十分疲憊，便在此住下。第二天經近海的路線繼續北上，此時牛車終日蹭蹬，加上「林莽荒穢、宿草沒肩」，大小溪流也加多，更增加了行路的困難。〔註78〕昔日的莽林，今天全成了房舍，彰化八卦山的大佛及佛殿也修得十分華麗，道光以前的廟宇大都古樸，而道光以後的廟宇炫麗多巧工……這一路下雖然不走高速公路，公路的標準也是甲級以上，很快地沿著海線公路過大肚、龍井、沙鹿、梧棲來到清水。〔註79〕

再來，看蔣勳〈重尋郁永河的足跡〉一條已廢棄道路的片段：

> 我們在南崁爬上一處公寓的頂樓，可以望見南崁溪穿流在田畝間。東邊望見一片高低叢聚的丘陵，所謂的「龜崙嶺」的桃園林口台地，這一片高地，使得兩百八十年間，交通路線改變很大。當郁永河為了避開這一片丘陵區，從南崁緊挨海岸線北上，一直抵達八里（八里分），渡河到淡水，才進入台北盆地的邊緣。今天這一條古道幾乎已經廢棄，無論公路、鐵路，都直接穿越桃園台地，從板橋、新莊等正南邊進入台北盆地。〔註80〕

歸納出報導文學多採取「古今交叉」敘述的手法，使文章看起來不像走馬看花的流水帳，同時也為呼應郁氏當時的心情，印證這步步的歷史足跡，馬以工的〈幾番踏出阡陌路〉和〈磺溪溯往〉兩篇報導文學，就是這樣的情況下創作出來的，前者是以四天的行程循著郁永河路線再走一次，對於這行動本身它背後的動機，馬以工自己認為「最大的意義還是在給自己一個機會，重新認識自己生活了這麼久的土地」〔註81〕；後者因寫作題材和硫磺有關，

〔註78〕馬以工《幾番踏出阡陌路》，頁247。
〔註79〕馬以工《幾番踏出阡陌路》，頁249。
〔註80〕蔣勳〈重尋郁永河的足跡（下）〉《漢聲》七期，頁96。
〔註81〕馬以工《幾番踏出阡陌路》，頁222。

因此尋訪郁永河探採硫礦的路線，就是今日的關渡、北投、石牌、天母、士林一帶，也正是台北盆地最早開發的地方，慢慢尋覓出不少痕跡，幫助思索舊時的面貌。

漢聲雜誌社則花了一星期的時間，追蹤郁永河的行程，最後整理出〈重尋郁永河的足跡〉一文，以上下兩篇陸續刊登，裡邊不單單是蔣勳的文字記錄，再加上姚孟嘉照相的影像記錄，圖文並陳，不僅是事實的證明，對於將來無數的有志者更提供莫大的助益。讓這樣一條由南而北的路，經由血汗腳步的積累，見證生命的傳遞。選擇這樣的方法來書寫，是最能夠感受物換星移，體會最深也收穫最多，不可否認地，不管科技如何地進步，歷史是不可能完整地被記錄下來，局部的片段透過誠懇的記錄，藉以掌握歷史發展，甚或師友古人，只因人類在心靈精神上互通互感的領會，是遠遠超越時空的限制，而報導文學不失爲一條明確可行的道路。

第四節　小　結

《裨海紀遊》敘述手法包括了詩文和寫實抒情，雖不是什麼創新奇想的方法，整本書倒不失爲是一部誠懇的作品。至於郁氏的敘述思維，一時代有一時代的侷限，他既爲傳統中國文人，自然難於跳脫大中國的思考模式，一旦接觸到異於他所熟悉的文化，馬上出現文明和野蠻兩極端的分裂。這裡並沒有指責郁氏的意思，而是提供我們的一個借鏡，如果時至今日，還有這樣的想法，以自己的文化優於他人，就是不可原諒的錯誤，世界許許多多的原始文化正在快速地消失當中，這種文化的優越感是背後最大的兇手。

紀遊抒懷之詩和竹枝詞，寫作於旅行探險途中。這類紀遊之詩和竹枝詞，對於幫助了解郁氏的旅行考察和閱讀《裨海紀遊》是很有價值的，堪爲《裨海紀遊》的補充與詮釋。詩和竹枝詞又可呈現出記述旅行經歷、描繪風光、反應民情生活、藉景抒己之感，各有特點，可以反映郁氏旅途的趣味與艱難，他獨特的觀察描繪能力，他的奇情異趣。

《裨海紀遊》它所產生的文學的影響持續不斷，西川滿強調異文化間的互動和風土民情的記載；葉石濤則以男女之情突顯原住民的純眞性情，具濃厚的鄉土氣息；顏金良要把台灣三百年前的原貌穿插在有趣的故事情節裡，寫成一部大眾化的小說；報導文學的路子，是以眞實的回顧，體驗時間所帶

來的滄桑變化。由於他們作品產生，讀者可將《裨海紀遊》一書視爲一故事原型，再來探討後續發展和意義，做一文學比較工作，從另外角度看出不同的文學之美，和《裨海紀遊》一書在文學方面所造成的後續影響。

第八章　結論——《裨海紀遊》的價值及其時代意義

　　從台灣這三百年來在自然與人文環境上的變遷，來突顯《裨海紀遊》一書的時代意義和價值。並對於像《裨海紀遊》之類的台灣古典文獻資料，不管是加以保存或是研究，予以肯定。

第一節　福爾摩沙不再美麗

　　早期歐洲人稱台灣為「福爾摩沙」，亦即「美麗之島」，台灣島因為造山過程與火山活動的遺跡、海邊珊瑚礁石與生物群聚，形成許多稀有珍貴的地理與生物景觀，也孕育了多樣化的動植物資源；在這塊三萬六千平方公里的土地上，蘊藏著豐富的「自然資源」，這些資源「係指台灣島上所有有生命及無生命的資源，包括景觀、各種資源間的相互關係，以及這些資源長久以來維持人類在台灣島上生存的能力及潛力」〔註1〕。

　　郁氏他所記錄的台灣資源、物產，肥沃的土壤不但是「地產五穀」〔註2〕，而且自然還允諾，凡耕耘者「有種必穫」〔註3〕的承諾，番檨、黃梨、香果、波羅蜜、龍眼、西瓜等等，儼然是一水果王國；台灣更是動物的樂園，郁氏他說：「山中多麋鹿」〔註4〕，今天的我們很難想像，有天走在從新竹到南嵌的路上，會有麋鹿跟在一旁的景況。

〔註1〕蕭新煌、蔣本基、劉小如、朱雲鵬《台灣二〇〇〇年》，頁20。
〔註2〕清・郁永河《裨海紀遊》，頁35。
〔註3〕清・郁永河《裨海紀遊》，頁12。
〔註4〕清・郁永河《裨海紀遊》，頁35。

一、河海的污染

台灣的確曾是婆娑之洋，美麗之島，四面環海，平壤沃土，時至今日，生態環境的惡化，加上人類的濫伐、濫墾、濫殺、濫捕，導致許多物種失去可棲息的環境，而遭致滅絕危機，食物鏈遭受破壞，生態失去平衡。垃圾、核能廢水、船隻漏油、塑膠空瓶、重金屬排放物、農藥、化學肥料、污染的河川、海岸工程等，這些污染海洋的元凶，造成台灣海洋生態破壞、珊瑚及海底生物死亡、漁群減少、天然海岸線消失。

台灣的河川由於地形陡峭、雨量集中的影響，因此，「台灣的降雨量雖然豐沛，但各河川儲存以供利用的地表水量卻很有限；各地雨量的季節性變化，更影響了河川的四季供水量」〔註5〕，而在台灣島上生活的居民對淡水的需求逐年增加，所以政府在河川的中、上游地區興建水庫以解決一時之需，其實水庫興建本身是治標不治本的方法，我們對環境破壞、水土的流失種種損失的代價才是難予估計；況且在台灣因「人口集中造成都市化現象及工業發展所排出的各式廢水，夾帶大量污染物排入河川，超過河川的涵容能力，故台灣地區各主次河川大多受到不同程度的污染」〔註6〕，種種由於台灣工業、經濟、科技上高度的開發成長，對環境已構成重大的負荷，環保的糾紛層出不窮，更加令人憂心的是，有關環境的問題都有其潛伏期，事實上，許多的後遺症都得經過一段漫長的時間才會爆發，我們現在所見的抗爭和衝突，都還只是冰山一角。

二、原始林的消失

以郁氏當時的記載和今日的台灣對照，是輕易地就能體會三百年來自然環境變遷，譬如牛罵社（今清水地區）原是「林木如蝟毛，聯枝累葉，陰翳晝暝，仰視太虛，如井底窺天，時見一規而已。雖前山近在目前，而密樹障之，都不得見」〔註7〕，康熙四十年（1701）之後，逐漸有漢人入墾清水地區，漢人也以生產技術及人力優勢改變當地；現在的台中縣清水鎮，縱貫鐵路和公路平行由此穿行，街道規劃整齊，古蹟和風景區均頗富盛名，如紫雲巖、清水公園。如果單單清水地區在這三百年的改變結果，並未能體會其中的衝

〔註 5〕蕭新煌、蔣本基、劉小如、朱雲鵬《台灣二〇〇〇年》，頁 22。
〔註 6〕蕭新煌、蔣本基、劉小如、朱雲鵬《台灣二〇〇〇年》，頁 63。
〔註 7〕清・郁永河《裨海紀遊》，頁 19。

擊，那麼再像內北社（今新北投一帶）在《裨海紀遊》的記載中：

> 緣溪入，溪盡爲內北社，呼社人爲導。轉東行半里，入茅棘中，
> 勁茅高丈餘，兩手排之，側體而入，炎日薄茅上，暑氣蒸鬱，覺
> 悶甚。草下一徑，逶迤僅容蛇伏。顧君濟勝有具，與導人行，輒
> 前；余與從者後，五步之內，已各不相見，慮或相失，各聽呼應
> 聲爲近遠。約行二三里，渡兩小溪，皆而涉。復入深林中，林木
> 翁翳，大小不可辨名；老藤纏結其上，若虬龍環繞，風過葉落，
> 有大如掌者。〔註8〕

遠在先秦時代孟子就提出「斧斤以時入山林，林木不可勝用也。穀與魚
鱉不可勝食，林木不可勝用」，永續經營的概念，可是據統計「光復初期，台
灣森林覆蓋率約佔全島面積六四％，至今只剩五二％，減少約四十二萬公頃，
相當於十五個台北市的面積」〔註9〕，台灣的森林正在迅速消失中，過度開發
山林，使得台灣水土不保。有時回想原住民與自然取得平衡的生存方式，才
是對孟子理想眞正的體現，而老子他不也說：「人法地，地法天，天法道，道
法自然」，比起過去原住民的實踐，現在的我們，每個人的成績都是不及格，
而這無疑是對一向以文明自居的漢人社會最大的諷刺。

有句俚語「台灣錢淹腳目」，原始的雨林莽原被水泥叢林所取代，也許口
袋裡的鈔票，讓我們都變成有錢人，但是如果今天將我們每個人所分到的綠
地平均下來、林林總總自然環境的損失，可以發現其實我們很窮，卻不自知。
時空的易換，然而不變的是，青山綠水人們身心勞累時最後的依傍；但是現
今隨著台灣山林的破壞，就連這最後的依傍也已愈來愈難尋；田園作家陳冠
學以〈訪草〉爲名所創作的小故事裡，筆者驚愕到「人居然能把自然給嚇跑」：

> 蕭、艾、蒿是草原三姊妹。艾、蒿庭下就有，蕭則已隨著童少年時
> 光一起消失，於是它成了我的童少年時代的象徵……那一年我在近
> 山腳的荒地下發現了一小群落，彷彿見著童少年時返轉。不久再去，
> 已杳無蹤跡。一個小學生在那裡放羊，問我何所尋？我說尋蕭。小
> 學生笑著說：搬家了。我問：搬哪裡去了？小學生說：搬到無人的
> 地方去了。的確，這個時代有人的地方萬物就不好存活。〔註10〕

〔註 8〕清・郁永河《裨海紀遊》，頁 24～25。
〔註 9〕天下編輯《環境台灣》，頁 79。
〔註 10〕陳冠學《訪草（第一集）》，頁 63。

三、地震的威脅

《裨海紀遊》讓我們溯源康熙台北湖的過往，這除了肯定文獻資料的珍貴之外，最最重要的是鑑往知來，台灣在民國八十八年（1999）九月二十一日經歷地牛翻身的慘痛災變，終於迫使人們正視一些維繫著大眾生命安全的問題，例如「土壤液化」〔註11〕的情形在中部許多鄉鎮出現，彰化縣社頭鄉埤斗村幾戶人家，隨著強烈的震動突然龜裂下陷，房舍地板與路面都噴出大量的泥漿，雖然老早曉得如果能改善地質條件，就能斧底抽薪的解決問題，悲慟的是，為什麼事故還是讓它發生了？

台灣資源一再被貪婪地掠奪，人們棄大自然於不顧，然而大自然仍能施展其威力及時來設定界限。人們看待悲劇產生的損失，也許只是幾秒鐘的陣痛結局，心慟卻是難以抹滅的折磨，但歷史記憶千萬不能就此煙消雲散，否則就如同柏楊的感嘆「每次災變過後都說，希望永遠不要再發生，而每次一定會再發生」，付出那麼多的生命所得到的可怕教訓，不容許活著的人消弭，每個人站在崗位上是責無旁貸各盡一份心力。

其實長期下來，大自然的反撲，是在警訊台灣人對土地疏離、沒有感情，缺乏土地情懷與環境倫理，總認為事不關己，繼續製造污染性物品、過度開發自然資源、以掠奪的心態對待自然，沒辦法感受出人和自然的關係。顯然，台灣在經濟發展之下，需要重新思考對策，建立生態關懷和生態倫理，必須領悟自然生生不息的結果，不論好壞，終究回歸於人；人原本就無所遁天地之間，自然的環境與居住在其中的人是一體的，環境生病了，人當然也無法逃脫生病的命運。

事實上，朝向「永續發展」和「生物多樣性」的環境思維，作為對自然環境的最高原則下。台灣點點滴滴的覺醒，涓滴成河，已如國內的環境教育界常說的「全球性思考，地方性行動」，許多生態研究者，埋首森林、河川、濕地、海洋環境，或是鑽研蟲魚蛙蛇龜鳥獸，為未來環境的美好前景在打拼，一如奇美董事長許文龍所說：「我們要留給子孫的，不是錢，而是留給子孫自然的平衡」〔註12〕。在國際上，環境保護的議題已超越國界，成為全球共同

〔註11〕「地面在震動後噴砂、噴水，伴隨著結構物傾斜、地表破裂等現象，稱為『土壤液化』，也就是地層突然變得有如液體一般，完全無法支撐地面上的建築，以致於造成建築物下陷、傾斜。」李永適〈當台北遇到強震──盆地裡的危機〉《大地地理雜誌》一四一期，頁44。

〔註12〕天下編輯《環境台灣》，頁58。

關懷，影響國與國之間，不論是外交、經濟、社會正義、文化、教育重大因素，在地球村的世界裡，台灣豈能忽視這個趨勢，而置身事外？

第二節　尊重民族文化的多元性

　　物質文化是一個民族飲食及日常生活，精神文化是指一個民族人生觀、價值觀和其原始信仰等；前者是有形的，後者是無形的。以食物為例，明・陳第〈東番記〉說及台灣的原住民，他們喜歡把鹿「剖其腸中新咽草將糞未糞者，名百草膏，旨，食之不饜」〔註13〕，對漢人來說，這種食物只會令人嘔吐；反之，原住民他們吃豬不吃雞的，若見著漢人吃雞的景況，覺得噁心。再以儲蓄的概念舉例，郁氏提到平埔族他們「無市肆貿易，有金錢，無所用，故不知蓄積」〔註14〕，其實原住民他們生活一向是以自給自足為原則，「屋必自構，衣需自織，耕田而後食，汲澗而後飲，績麻為網，屈竹為弓，以獵以漁」〔註15〕，屬於自給式的原始經濟，原住民的謀生方法，自然和漢人未雨綢繆、克勤克儉的態度作為有別。

　　在漢人眼中，平埔族文化是低陋的。但郁氏說他們「無求無欲，自遊於葛天、無懷之世，有擊壤、鼓腹之遺風」〔註16〕，《諸羅縣志》也說：「番無愁暑雨祁寒，負重輓車，度險出淖，狀若甚憊者；曾未駐足息肩，已歌呼嗚嗚，喜跳自若矣。傭直作苦，勞以酒，則終日不倦」〔註17〕。然而，他們這種無求無慾、樂天知命的生活態度，卻被一般漢人認為是「憨」，而加以欺凌壓榨；明明平埔族是樂天積極的健康心理，三百餘年來，漢人自信地認定平埔族的社會需要大中國文化的搶救，其結果是帶來平埔族無盡的災難，使得他們的傳統文化，在今日幾乎已喪失殆盡，而他們亦已瀕臨消失的邊緣。弔詭的是，近一、二十年來，許多漢人和平埔族人，想盡辦法，無非就是為了尋回過去真實的平埔文化。

　　我們知道在概念性層次上的文化變遷是演進的，即由低級演進到高級，由單純演進到複雜；在實質性層次上的文化變遷現象，由於各民族性、人生

〔註13〕清・沈有容《閩海贈言》，頁26。
〔註14〕清・郁永河《裨海紀遊》，頁35。
〔註15〕清・郁永河《裨海紀遊》，頁35。
〔註16〕清・郁永河《裨海紀遊》，頁33。
〔註17〕清・周鍾瑄《諸羅縣志》，頁164～165。

觀、價值觀的不同，使得變遷的時間、速率和結果者不一樣。歷史和現在構築的事實教訓，讓我們認知到文化是人與環境激盪出來的組合，而任何民族都有其文化特色；而當我們想要了解異民族的文化時，應該站在與對方一致的立場上來求了解（雖然相當困難），切忌以自己民族的標準來衡量別的民族。族群愈多，文化愈多元，其實是有利於人類的發展，重新組合激盪，能夠呈現更別出心裁的樣貌，產生的幾何可能性正是無限可能。

台灣，這塊土地，由整個海洋經濟、戰略地位，乃至於立足於世界焦點時，這顆耀星的光芒再也掩飾不了；不論台灣曾經是瀛洲、東鯷，抑或夷州、流求，1544 年葡萄牙人一聲「Ilha Formosa！」，台灣從此邁入世界的舞台，再也沒有神秘面紗、沒有神山神話的眩惑，有的就是生活在這塊土地上的生命，各自所組織的社會是平等的，螞蟻、魚類、植物，乃至人類，彼此間無有高下之分，大家需要的是相互尊重、寬大的胸襟，更爲自由的生存天空。筆者深知永遠無法回復完的歷史眞相，但歷史就像不可思議的藝術，懷抱著「可能」的心，我們會發現更多智慧的展現！莊萬壽老師他對台灣族群文化的發展，就有著一份這樣深厚的期許和巧喻：

> 我們希望多族群相離的社會中，分居於社區的族群，既能保持發展
> 自己文化的特色，亦能學習不同族群的文化。台灣像是一面大磁磚
> 牆，嵌鑲著五彩繽紛的小磁磚，每一小塊皆有本來的色彩與風格，
> 但它又是這面磚牆的一小部分。而不是各色油漆，先攪拌成一個顏
> 色，再漆上去的牆面。〔註18〕

第三節　肯定文獻資料的存在價值

《裨海紀遊》有助於了解十七世紀末葉的台灣自然和社會環境。在自然方面，例如由於自然衛生條件的低劣，對人們產生一定程度的威脅，當時瘧疾的衝擊便深深影響到人類生存。在社會方面，例如漢人的貨幣制度成爲改變了平埔族社會經濟的重要關鍵。種種在台灣曾發生的歷史，都能在求證的過程中，有一清楚的認識。

詹素娟認爲「綜觀大部分清代的個人文字記錄，最早期的『東番記』、『番俗六考』、『裨海紀遊』，幾乎是文獻中對平埔族最完整、詳細的介紹了，後期

〔註18〕莊萬壽《台灣論》，頁 24。

的資料（除了針對時事，如怎樣治理、怎樣安排屯隘、怎樣撫慰平埔族人的情緒等），便很少超越前人描述的範圍」〔註19〕；除此之外，他還提到對於像《裨海紀遊》這類資料的另一些意義和反省：

> 其一、康、雍以前的臺灣，漢人還不是多數的優勢民族，西部平野上仍遍佈各社屬的平埔族人，他們與漢人尚有極明顯的差異，日常生活的接觸頻繁，已足以使人立即察覺到彼此的不同，而能使早期的觀察者作出較明確、詳盡的記錄。

> 其二、多數作者對自己描寫對象──平埔族的文化，從未抱持探索、了解的意願，由於「差異」的隔閡，使這些資料僅能發揮描繪形貌的功效，而未能一窺平埔族人的精神世界。

> 其三、由這些文獻，可以體察到所謂漢人面對異民族、異文化時的優越心態，他們因感知平埔族文化的「簡陋低劣」，而對平埔族的命定漢化有著極樂觀的期待，同時，隨著實際上平埔族的日漸轉變，這些作者常以平埔族的漢化作為觀察、記錄的焦點，而丟失掉一些雖然細微，卻可能更加珍貴的注意機會。〔註20〕

針對《裨海紀遊》，彭瑞金在〈用力敲打出來的台灣歷史慕情〉一文中，說到他認為《裨海紀遊》「其實是獨立於『台灣文學』之外的，差不多可以說，完全不與台灣的土地、人民，乃至台灣生活產生連結，它只是觀光客、旅行家從台灣土地上方攫走的『印象』而已」，〔註21〕但是筆者以為《裨海紀遊》存在的價值，不單單只是浮光掠影，在記錄資料的本身，代表著是在一特定的歷史時間和地點，而這是不可再回溯的，因此它反應的真實就深具意義。其次，《裨海紀遊》係清代記錄台灣的重要文獻，透過此書以觀察當時台灣社會之諸現象是適宜的。再者，《裨海紀遊》引發多學科的相關研究，可作為文學的題裁、史學的材料等等。以文學方面為例，葉石濤謂其作品，行文流利以精確的寫實主義風格著稱，而本文在第六章〈有關《裨海紀遊》的文學意義及其發展〉的論述內容中，發現《裨海紀遊》做為創作小說或報導文學的故事原型，能另有一番天地。

在時間的長河裡，每個人都在見證一時代的歷史，無數的時間和空間的

〔註19〕莊英章編《台灣平埔族研究書目彙編》，頁2。
〔註20〕莊英章編《台灣平埔族研究書目彙編》，頁2～3。
〔註21〕陳義芝編《台灣現代小說史綜論》，頁21。

串連，由點到線，擴及爲面，小單位的個人、家庭，乃至於全世界。縱使是表象的記錄，就文獻資料的存在，仍有其重要，且在時間上具有無法回溯的可貴。何況一個人的觀感想法，深受其教育文化的成長背景影響，應以一時代有一時代狀況來評量，才可去蕪存菁，給予清楚客觀的評斷。

附　錄

附錄一：郁永河八閩與台灣行程表（1691～1697）

	公元	溪名	經歷地點	別記
康熙 30 辛未	1691		（1）建寧→延津→ 榕城 （2）榕城→興→泉 →石馬 （3）漳浦→海澄→ 龍巖→寧洋→ 石馬 （4）以扁舟渡廈 門，五日而返	
康熙 31 壬申	1692		再返榕城	「八閩之轍跡已歷六矣」 〔註1〕
康熙 32 癸酉	1693		維舟邵武城下，信宿 而返	
康熙 33 甲戌	1694		武平→延津	「半歲之間，往返四過，凡山 川幽窅之區，周不足歷而目覽 焉。於是八閩遊遍矣。」 〔註2〕
康熙 36/1/25 丁丑	1697	烏龍江		「望海口羅星塔影……因賦 絕句：『浩蕩江波日夜流，遙 看五虎瞰山頭；海車一望三千 里，只有羅星一塔浮』。」 〔註3〕

〔註1〕清・郁永河《裨海紀遊》，頁1。
〔註2〕清・郁永河《裨海紀遊》，頁1。
〔註3〕清・郁永河《裨海紀遊》，頁2。

康熙 36/1/26			相思嶺 漁溪	「已六過此嶺六染相思嶺,詩曰:『閩中七載作勞人,上塵;獨有蒼蒼雙鬢色,經過一度一回新』。」〔註4〕
康熙 36/1/27			浦尾 涵頭 興化郡	
康熙 36/1/28			莆陽	「嶺南春早……賦詩曰:『曉起籃輿逐隊行,今朝差喜得春晴;翻畦早麥初成穗,遠徑寒流自有聲;隴阪雲移青嶂合,郊原風蹴綠波平。年來已識躬耕樂,何何勞又遠征』?」〔註5〕
康熙 36/1/29			泉郡	「值陸師提督吳公英以詰朝蒞任……因賦所見:『百里金戈競路斜,紛紛鐵騎亂如麻;無端咕嗶咿唔者,也曳藍袍候使車』。」〔註6〕
康熙 36/2/1	沙溪			
康熙 36/2/2			劉五店(五通渡)	
康熙 36/2/3			廈門之萬石巖	「賦詩曰:『何年月黑風狂夜?吹落崟岈覆一谿;詩裡未經摩詰畫,袖中難倩米顛攜;雲流石蟀疑天近,瀑濺衣裙識洞低;盤磚不知春日永,欲尋歸路幾番迷』。」〔註7〕
康熙 36/2/4			廈門之虎谿巖	「賦詩曰:『絕頂多奇石,巑岏聚一叢,懸崖臨巨壑,疊嶂吼長風;展折危欄轉,筇支曲磴通;扶桑遙在望,落日晚潮紅』。」〔註8〕

〔註4〕清・郁永河《裨海紀遊》,頁2。
〔註5〕清・郁永河《裨海紀遊》,頁3。
〔註6〕清・郁永河《裨海紀遊》,頁3。
〔註7〕清・郁永河《裨海紀遊》,頁4。
〔註8〕清・郁永河《裨海紀遊》,頁4。

康熙 36/2/16				「登舟……海舶在巨浪中，搖曳震盪，凡三畫夜無寧息。」〔註9〕
康熙 36/2/19			約行二十里，抵向所見大旦門	「二十日，無風，不能行。」〔註10〕
康熙 36/2/21			出大旦門 遼羅 渡紅水溝	
康熙 36/2/22			渡黑水溝（大洋）	
康熙 36/2/23			澎湖	
康熙 36/2/24			渡黑水溝（小洋） 鹿耳門 安平城 赤嵌城	
康熙 36/2/25			台灣府治（台南市）	「以採硫來居臺郡兩閏月，為購布，購油，購糖，鑄大鑊，冶刀斧、鋤、杓，規大小木桶，製秤、尺、斗、斛，種種畢備。」〔註11〕
康熙 36/4/7		大洲溪	新港社（新市） 嘉溜灣社（善化） 麻豆社（麻豆） 佳里興（佳里）	
康熙 36/4/8		茅港尾溪 （茆港尾溪） 鐵線橋溪 急水溪 八掌溪	返麻豆社 茅港尾（下營） 鐵線橋（新營） 倒咯國社（東山） 諸羅山（嘉義市）	
康熙 36/4/9		牛跳溪（牛稠溪） 山疊溪	打貓社（民雄） 他里務社（斗南） 柴里社（斗六）	

〔註 9〕 清・郁永河《裨海紀遊》，頁 4。
〔註10〕 清・郁永河《裨海紀遊》，頁 5。
〔註11〕 清・郁永河《裨海紀遊》，頁 16。

康熙 36/4/10	虎尾溪 西螺溪 東螺溪	大武郡社（社頭）	
康熙 36/4/11		半線社（彰化市）	
康熙 36/4/12		啞束社（彰化市） 大肚社（大肚）	「至溪澗之多，尤不勝記。」〔註12〕
康熙 36/4/13	渡大溪	沙轆社（沙鹿） 牛罵社（清水）	「十四日，陰霾，大雨，不得行……十五日、十六日皆雨，前溪新水方怒，不敢進。」〔註13〕
康熙 36/4/23		大甲社（大甲） 雙寮社（大安溪北岸） 宛里社（苑里）	
康熙 36/4/24		吞霄社（通霄） 新港仔社（後龍附近） 後壠社（後龍）	
康熙 36/4/25		中港社（竹南） 竹塹社（新竹市）	
康熙 36/4/26		南嵌社（桃園蘆竹）	
康熙 36/4/27		八里分社（八里） 淡水社	
康熙 36/5/2		甘答門（關渡） 麻少翁社（社子） 北投硫礦	「十月朔，硫事既竣。」〔註14〕
康熙 36/10/4			「至張大家與別，遂登舟。」〔註15〕
康熙 36/10/8		官塘	
康熙 36/10/9		定海鎮 五虎門	「壁間有詩，倚韻為五言律；『弱水歸帆遠，驚濤日夜紛；

〔註12〕清・郁永河《裨海紀遊》，頁19。
〔註13〕清・郁永河《裨海紀遊》，頁19。
〔註14〕清・郁永河《裨海紀遊》，頁40。
〔註15〕清・郁永河《裨海紀遊》，頁41。

			怡山僧院	青衫餘蝨氣，寶劍有龍文；暫息滄州駕，還瞻故國雲；鐘聲與禪誦，清響得重聞』。」〔註16〕
康熙 36/10/10			閩安鎮	
康熙 36/10/12			至大橋（南臺大橋），登陸	

〔註16〕 清·郁永河《裨海紀遊》，頁 41～42。

附錄二：郁永河採硫圖

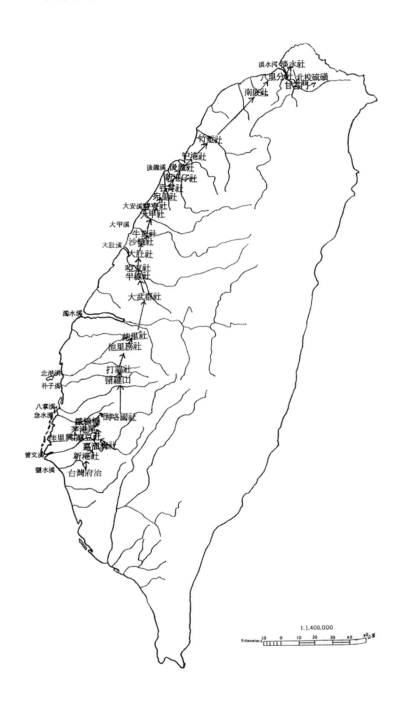

1:1,400,000

附錄三：通事張大的協助

	公元	事件	附記
康熙 36/4/27 丁丑	1697	「既渡，有淡水社長張大，罄折沙際迎，遂留止其家……爰命張大為余治屋，余留居五日以待。」〔註1〕	
康熙 36/5/1		「張大來告屋成。」〔註2〕	
康熙 36/5/2		「甘答門……行十許里，有茅廬凡二十間，皆依山面湖，在茂草中，張大為余築也。」〔註3〕	（1）有關麻少翁三社舊址，「張大云：『此地高山四繞，周廣百餘里，中為平原，惟一溪流水，麻少翁等三社，緣溪而居。甲戌四月，地動不休，番人怖恐，相率徙去，俄陷為巨浸，距今不三年耳』。」〔註4〕甲戌年是為康熙三十三年（1694），由此可知，張大對於淡水一帶的環境甚為熟悉。 （2）「張大為余築也」〔註5〕，此處應指張大指揮社眾所建，並非張大親為。

〔註1〕清・郁永河《裨海紀遊》，頁23。
〔註2〕清・郁永河《裨海紀遊》，頁23。
〔註3〕清・郁永河《裨海紀遊》，頁23。
〔註4〕清・郁永河《裨海紀遊》，頁23。
〔註5〕清・郁永河《裨海紀遊》，頁23。

		「又數日，各社土官悉至；曰八里分、麻少翁……麻里折口等二十三社，皆淡水總社統之」〔註6〕	和社眾間以布易土的方式，取得硫土煉製；通事張大居中，扮演號召社眾和語言溝通的角色。
康熙36/7/25		「水既落，乘海舶出港，至張大所。」〔註7〕	郁永河自 7/19～7/22 因遭遇狂風暴雨，使得原煉硫之地，氾濫成災，夷為平地，而郁永河僥倖生存。
康熙36/7/28		「余獨留張大家，命張大為余再治屋。」〔註8〕	（1）與郁永河同行的人，都病情轉劇，趕緊乘船回家，郁永河則堅持完成任務。 （2）從 7/29 開始又連續四天的大風雨，郁永河走二靈山避之，在空山之中，曾有一整天沒有食物可吃的情形。
康熙36/8/4		「雨止風息，再返張大所。」〔註9〕	
康熙36/8/15		「中秋節，番兒報舊址茅屋成……午後，張大攜肴核至，與余就沙際飲。抵暮而返，不見一帆。」〔註10〕	異鄉的中秋節，對出外人的心情是格外的落寞，張大雖攜酒與郁永河小敘，但張大畢竟是要回家去，又留下郁氏一人，而其餘社眾又無法體會中秋之深意，對郁永河來說，這個中秋顯然既難忘又難熬。
康熙36/10/4		「至張大家與別，遂登舟。」〔註11〕	「十月朔，硫事既竣，將理歸棹」〔註12〕

〔註6〕清・郁永河《裨海紀遊》，頁 24。
〔註7〕清・郁永河《裨海紀遊》，頁 38。
〔註8〕清・郁永河《裨海紀遊》，頁 39。
〔註9〕清・郁永河《裨海紀遊》，頁 39。
〔註10〕清・郁永河《裨海紀遊》，頁 39。
〔註11〕清・郁永河《裨海紀遊》，頁 41。
〔註12〕清・郁永河《裨海紀遊》，頁 40。

附錄四：平埔族分類表

年代	研究者	族名														族數
1904	伊能嘉矩	Kavarawan	Ketagalan			Taokas	Vupuran	Poavosa	Arikun	Lloa	Pazzehe	—	Sirajya	Makattao		十族
1930	移川子之藏	Kavarawan	Ketagalan			Taokas	Vupuran	Babuza	Hoanya		Pazeh	Sao	Sirajya	Tao		十族
1935	小川尚義	Kavarawan	Ketagalan			Taokas	Vupuran	Babuza	Hoanya		Pazzehe	Sao	Sirajya			九族
1944	小川尚義	Kavarawan	Ketagalan		Luilang	Taokas	Papora	Babuza	Hoanya		Pzeh	Sao	Sirajya			十族
1951	張耀錡	卡瓦蘭 Kavalan	凱達格蘭 Ketagalan			道卡斯 Taokas	拍瀑拉 Papora	巴布薩 Babuza	洪雅 Hoanya		拍宰海 Pazzehe Pazeh	—	西拉雅 Sirajya	四社熟番 Taivoan		九族
1955	李亦園	噶瑪蘭 Kavalan	凱達格蘭 Ketagalan		雷朗 Luilang	道卡斯 Taokas	巴布拉 Papora	貓霧 Babuza	和安雅 Hoanya		巴則海 Pazeh	水沙連	西拉雅 Siraya			十族
1970	台灣省通志卷八同胄志第一冊	卡瓦蘭 Kavalan	凱達格蘭 Ketagalan			道卡斯 Taokas	拍瀑拉 Papora	巴布薩 Babuza Poavasa	洪雅 Hoanya (Lloa Arikun)		拍宰海 Pazeh Pazex	—	西拉雅 Siraya（西拉雅、馬卡道、四社熟番）			八族
1985 1991	土田滋	Kavalan	Basay	Keta	Kulon	Taokas	Papora	Babuza	Hoanya		Pazeh	—	Sir.	Mak.	Taiv	十二族
1991	李壬癸	噶瑪蘭 Kavalan	凱達格蘭 Ketagalan 巴賽 哆囉美達 雷朗 Basay Trob Luilang.			巴布薩 Babuza 道卡斯 巴布拉 貓霧捒 費佛朗 Taokas Papora Babuza Favor.			洪雅 Hoanya		巴則海 Pazeh	邵 Thao	西拉雅 Siraya Sir. Mak. Taiv			七族十四支

資料來源：李壬癸《台灣平埔族的歷史與互動》，頁 40～41。

附錄五：關心台灣的顏金良——《前進老台灣——郁永河採硫傳奇》

專訪

去年十二月二十九日（1999）以電話方式和顏老師取得聯絡，表示因為自己論文寫作需要，希望能採訪顏老師，即刻獲得顏老師的答允幫忙，在知道顏老師方便的時間後，一月四日（2000）便南下至顏老師所任教的台南女中，在將近兩小時（AM10:00～12:00）的訪問，感謝顏老師撥冗接受個人的訪談，尤其是個人初次訪談非常生澀的提問和忐忑，此次訪談受益良多，特在此致謝。

生：老師您為什麼會注意到《裨海紀遊》這本書？事實上，仍有許多研究生不知道有這樣的一本書。

師：我從大學時期開始，對於台灣的問題就比較有興趣和關心，也看過許多和台灣有關的書，而在大一時就閱讀過《裨海紀遊》這本書。也由於對台灣問題的興趣，我曾一度為《綜合月刊》寫過專欄，這本雜誌曾得過兩次金鼎獎，後來負責人因為胃癌去世，現在這本雜誌已經停刊，但當初我所寫的〈寫我故鄉〉就是在描述有關台灣這片土地。還有當時的臺灣銀行經濟研究室它每三個月有一本季刊發行，和出版許多台灣叢刊。而我本身對於這本書就很有興趣，最主要是閱讀這本書覺得很有趣，在三百年前那麼早的時刻，又郁永河當時並沒接受過科學的訓練之下，雖

然這本書它小小的，但這本書所寫的台灣地理景觀，還蠻接近事實的，觀察已經算是深刻，很了不起的了。

生：除此之外，老師是否受到特別的人事物影響？

師：現在不是有位監委馬以工先生嗎？當時專門書寫所謂的報導文學，因而有一本《幾番踏出阡陌路》，所描寫的也就是《裨海紀遊》。那時我已經在台南女中這邊教書了，一度時間我也寫過幾篇短篇小說，後來因為一篇中篇的小說惹了一些麻煩。

生：老師方便談談嗎？

師：當時吳祥輝所寫的《拒絕聯考的小子》廣受歡迎，他寫的是男生，出版社負責人是我的高中同學，請我也寫一本和高中女學生相關的書，心想因為在台南女中任教，自己或許多多少少可以反應一部分高中生的生活和心理，也就同意出版了《迎接聯考的小妞》，這書名是出版商取的，是以比較商業的考量角度，這本書在半個月之內銷售了兩百本，但書中的內容由於我在這邊教書，或多或少有些人物被寫進去，被校方誤解成特意在影射些什麼，引起很大的反彈，後來出版商出了兩版還想再印刷，也有四、五家電影公司想要買下版權來拍攝成電影，我就是因為不想再造成不必要的事端，都斷然拒絕；校長尚要請我辭職，而如果不是我太太的勸解，我可能在當時就離開台南女中，也不會堅持到今天。後來甚至鬧到省議會有議員拿這本書去討論、教育廳派人來調查，但到最後仍是不了了之，自己後來想想也覺得沒什麼意思，所以這本書只出了兩版，也就絕版了。事後出版商就再請我寫一本書，我心想描寫現實會被人誤解成刻意在影射什麼，寫歷史的東西比較不會有爭議，死人總不會跳出來。在這種情況之下，出版了《走過荒煙》，書名是出版商決定的，直到最近，也就是一九九八年，在修改後第二次的出版，實際上，全書在內容上是刪去了一些，那麼第二次的出版，他說要改一個名稱，《前進老台灣─郁永河採硫傳奇》這個書名是我取的，以前那個是出版社取的。

生：那老師為什麼取這樣的書名？

師：因為郁永河他是從大陸來的，來到台灣這個未可知的世界，像探險一樣。再者，現在不是很流行「前進」這兩個字嗎？像電影《前進高棉》。當然這裡面有很多故事情節是我加進去的，像採金那一段，為什麼會加進去

呢？一方面是和前面情節連貫；一方面是在很多台灣文獻中都有提到。事實上，關於台灣生產黃金的記載有很多，光緒年間的基隆河谷，我所找到最多的時候，每天有兩千人在基隆河採沙金，但至於暖暖一帶壺穴裡的沙金，應不太可能，因爲一般沙金應該是在沖積層裡或上流的河谷、礦脈裡邊才有。

生：老師已經提到採金了，那還有些人物是老師加進去的，像吳鴻案、鄭名洲、張大的女兒……，是不是有什麼特別的用意？

師：對，有些人物是添加進去的。嗯……也沒有什麼特別的用意，因爲你如果說原原本本照著他的記載，那就不像是一本小說嘛！所以人物幾乎虛構，裡邊很多情節佈局都是在突顯人物性格的對立，譬如鄭名洲和採金的事情，安排這麼一個反派的人物，所以總要弄些事情讓他的個性能突顯出來；至於獨木舟沿基隆河上溯，和當時實際情況是差不多，至於壺谷裡的沙金，過去有沒有我不敢說，但現在可能是沒有了。

生：那麼老師在這裡是想傳達自己的文學主張或想法在裡面嗎？

師：是也沒有啦！不過這裡邊有一句很重要的話，就是「德行不是用講的，是用做的；不是做給人看，是做給天地鬼神看的。我會做給天地鬼神看的。」這句話在這書裡一直被強調，主要就是之前寫的那本書《迎接聯考的小妞》，遭受許多的誤會，心裡很不平，我明明就沒有什麼不好的意思。爲什麼有些人要把我想成那樣？很多很多事情我是認爲不是做給人看的，而是做給鬼神看的。

生：所以老師主要還是強調對得起自己的良心，如果不是今天來訪問老師，是怎樣也不能明白這中間的緣由。

師：嗯……對。例如前段在府城一帶的描寫，幾乎就在這樣的一個主題下貫穿。

生：對於郁永河這個人，老師您的看法？

師：對於郁永河這個人的性格修養，我們從《裨海紀遊》裡無從得知。所以當初差不多這本書中的郁永河個性描述就是在描寫我自己，因爲當初遭受很多的誤會，可以說郁永河這個角色就是在投射我自己。當初正好遭遇那樣的事情，情節會這樣的安排，也是在這樣的情形下的結果，德行不是用講的，是用做的；不是做給人看，是做給天地鬼神看的。另一方

面，我是唸地理的，這本書和台灣地理有關，當然在白色恐怖時代不是這樣，是解嚴之後，我們才事事強調台灣第一。每個小說人物的個性是我先設定好的，小說人物設計原來就可以說全是作者的意思。角色先設定好，才不致於出現前後矛盾的情形，林語堂曾說過「每本小說都有自己、都有親友的影子」，只是你看得出來看不出來這樣而已。是小說，我不願意讓人做學術性的爭論；小說的話，不須那麼嚴謹，如果做為學術性爭論，當然裡面難免就會有些錯誤。

生：在老師之前有日人西川滿和葉石濤兩位先生寫過同一題材的短篇小說，我們可以說西川滿是屬於風土民情的記載，而葉石濤是濃厚的鄉土文學，有明顯的「台灣意識」，那老師的小說是不是風土或鄉土兩者之一？還是有其他不一樣的解釋？

師：對，就是說風土是以局外人的角度來看，那鄉土是自己本身就是這個地方的人來說。

生：那老師您的作品可以劃分在這兩類當中，還是說老師您另有詮解？

師：嚴格講的話，這本書我倒不是說有什麼很濃厚的鄉土意識在裡面。一方面是探險故事；一方面是表現三百年來台灣地理景觀跟風土民情，那當然如果純粹講這個會太深硬，所以是幾個方面的綜合，再虛構人物情節所寫成的一部小說。簡單的說，就是要把台灣三百年前的原貌穿插在有趣的情節故事裡，倒不是很嚴謹的學術性的東西。我希望這是一本大眾化的小說，大家都能夠看得懂，而且願意把它看完。

生：我想老師這目標是已經達到了，閱讀過程中，身為一位讀者的我，會一直想尋探結局，而將故事看完。其實老師應該多寫小說的……

師：因為最近一、二十年來，出版社催稿要參考用書，每年都需要增訂之類，這一寫下去也就欲罷不能了。

生：那麼小說和參考書，老師您比較喜歡的寫作是？

師：當然是小說，但寫小說辛苦又沒有錢賺，必須絞盡腦汁，所以也許得等退休之後。寫小說就是在玩，是很好玩的事，是自己的興趣。

生：所以老師既不是鄉土也不是風土？

師：我想是的，不過我倒是對原住民寄予相當大的人道和尊重的觀點，當然

在清代都叫番，但基本上，我對這些弱勢團體我都是有濃厚的同情和了解。我自己小時候在鄉下也過得並不好，所以我也可以和一位不認識的農夫談得很愉快，他們喝什麼我就喝什麼，我對於原住民等的弱勢團體是有濃厚的同情和了解，像書裡有一段原住民婦女請郁永河他們吃糖的情節，就是在表達我對他們的關懷，我們其實可以透過設身處地，感覺上就是跟他們在一起。

生：老師所描寫原住民族也是以平埔族為主？

師：大部分都是平埔族，那時平原上幾乎都是平埔族，裡面有郁永河在大度山地區演出的一段山上驚魂，就是生番；其實平埔族或者高山族這樣的劃分，原住民他們不會自己叫自己是平埔族或是高山族。而生番又叫所謂的傀儡番，我記得小時候還曾叫原住民是傀儡，這些名稱以今天的角度當然都是不太尊敬的。

生：老師您現在對於在台灣生活的原住民族的想法，或者哪些是我們需要再努力的地方？

師：我是相當同情他們，我是覺得台灣的原住民受政府的照顧不夠，你看原住民跑到城裡面來，幾乎都是做建築工人，要不然就是靠體力從事一些較危險的工作，然後攜家帶眷到都市來，住在危章建築裡面，工作今天結束再換一個地方，沒有水也沒有電，整個包括子女教育、居住環境都是問題。我是認為原住民沒有受到應該有的照顧，例如工作的安排，我們雇請外籍勞工，不錯，在台灣有許多勞力工作沒有人要做，但為什麼不優先考慮在台灣的原住民？你外勞進來，自然搶了剝奪他們很多工作機會。

生：老師是位見義勇為、樂於助人的人，這點從書裡也可以感覺得到的。最後想請教老師您在資料蒐集方面的經過？

師：第一版應附有參考資料，因為是小說創作，大部分資料都是參考原始資料，像《裨海紀遊》、清代文獻，創作性的資料就不參考以免受影響。基本上我是相當台灣的台灣人，在白色恐怖時代，國語我算是說得不錯，但在很多場合我還是習慣用台灣話，小孩在家一定要求他們講台灣話，是因為最近幾年台灣優先的提出，如果二、三十年前，你講台語，人家都會覺得怪怪的。

附錄六：《裨海紀遊》研究參考資料

（按作者姓名筆劃排列）

（一）台灣史料

1. 六十七
   1987 使署閒情；台北：大通。
2. 王必昌
   1961 重修臺灣縣志（第一冊）；台北：臺灣銀行經濟研究室。
3. 王雲五編
   1937 臺灣雜記及其他一種；上海：商務。
4. 朱仕玠
   1957 小琉球漫誌；台北：臺灣銀行經濟研究室。
5. 朱景英
   1958 海東札記；台北：臺灣銀行經濟研究室。
6. 吳子光
   1875 一肚皮集；雙峰草堂。
7. 沈有容
   1994 閩海贈言；南投：臺灣省文獻委員會。
8. 周凱
   1961 廈門志（第二冊）；台北：臺灣銀行經濟研究室。
9. 周鍾瑄
   1987 諸羅縣志；台北：大通。
10. 周璽
    1986 彰化縣志；台北：大通。
11. 郁永河
    1959 裨海紀遊；台北：臺灣銀行經濟研究室。
12. 施琅

靖海紀事；台北：大通。

13. 孫元衡

　　1994　赤嵌集；南投：臺灣省文獻委員會。

14. 高拱乾

　　1992　臺灣府志；南投：臺灣省文獻委員會。

15. 徐景熹

　　1967　福建省福州府志（一）；台北：成文。

16. 陳淑均

　　1982　噶瑪蘭廳志；台北：大通。

17. 連雅堂

　　1987　雅堂文集；台北：大通。

　　1987　劍花室詩集；台北：大通。

18. 楊英

　　1987　從征實錄；台北：大通。

19. 趙汝适

　　1987　諸蕃志；台北：大通。

20. 臺灣銀行經濟研究室編

　　1960　福建通志臺灣府（第一冊～第六冊）；台北：臺灣銀行經濟研究室。

21. 劉良璧

　　1987　重修福建臺灣府志；台北：大通。

22. 諸家

　　1965　臺灣輿記彙鈔；台北：臺灣銀行經濟研究室。

23. 蔣毓英

　　1993　臺灣府志；南投：臺灣省文獻委員會。

24. 蔣鏞

　　1961　澎湖續編；台北：臺灣銀行經濟研究室。

25. 謝金鑾

　　1962　續修臺灣縣志（第一冊）；台北：臺灣銀行經濟研究室。

26. 盧德嘉

　　1987　鳳山縣采訪冊；台北：大通。

27. 藍鼎元

　　1987　平臺紀略；台北：大通。

（二）目錄提要

1. 中央研究院臺灣史田野研究室

   1989　臺灣漢人移民史研究書目；台北：中央研究院臺灣史田野研究室。

2. 莊英章

   1987　台灣平埔族研究書目彙編；台北：中央研究院民族學研究所。

3. 黃富三

   1997　台灣史檔案文書目錄；台北：台大。

（三）專書

1. 天下編輯

   1996　環境台灣；台北：天下雜誌。

2. 中央研究院歷史語言研究所編

   1972　明清史料（甲編～戊編）；台北：維新。

3. 中村孝志

   1997　荷蘭時代台灣史研究（上卷）概說・產業；台北：稻鄉。（吳密察、翁佳音編）

4. 心岱

   1983　大地反撲；台北：時報。

5. 巴林頓・摩爾

   1990　民主和專制的社會起源；台北：結構群。（結構群譯）

6. 王益厓

   1969　水文地理學；台北：國立編譯館。

7. 尹章義

   1989　臺灣開發史研究；台北：聯經。

8. 中華文化復興運動推行委員會主編

   1988　近代歷史上的臺灣；台北：商務。

9. 王雅倫

   1997　法國珍藏早期台灣影像；台北：雄獅。

10. 王詩琅

    1979　清廷臺灣棄留之論；高雄：德馨室。

    1979　臺灣人物誌（上）；高雄：德馨室。

11. 方豪

    1969　方豪六十自定稿（上冊）；台北：學生。

　　1969　方豪六十自定稿（下冊）；台北：學生。

　　1969　方豪六十自定稿（補編）；台北：學生。

12. 白少帆、王玉斌、張恆春、武治純編

　　1987　現代台灣文學史；遼寧：遼寧大學。

13. 石再添

　　1995　台灣地理概論；台北：中華。

14. 必麒麟（W.A.Pickering）

　　1999　歷險福爾摩沙；台北：原民文化。（陳逸君譯）

15. 西川滿

　　1997　西川滿小説集（1）；高雄：春暉。（葉石濤譯）

　　1997　西川滿小説集（2）；高雄：春暉。（陳千武譯）

16. 托馬斯・F・奧戴、珍妮特・奧戴・阿維德

　　1990　宗教社會學；中國社會科學。（劉潤忠等譯）

17. 伊能嘉矩

　　1985　臺灣文化志；南投：臺灣省文獻委員會。（臺灣文獻委員會編譯）

18. 列維・布留爾

　　1981　原始思維；北京：商務。（丁由譯）

19. 村上直次郎

　　1970　巴達維亞城日記（第一冊）；台北：臺灣省文獻委員會。（郭輝譯）

　　1970　巴達維亞城日記（第二冊）；台北：臺灣省文獻委員會。（郭輝譯）

　　1990　巴達維亞城日記（第三冊）；台中：臺灣省文獻委員會。（程大學譯）

20. 李壬癸

　　1997　台灣平埔族的歷史與互動；台北：常民文化。

21. 李亦園

　　1983　臺灣土著民族的社會與文化；台北：聯經。

　　1996　文化與修養；台北：幼獅。

22. 李希聖

　　1995　尼印行腳；台北：正中。

23. 呂良弼、汪毅夫

　　1993　台灣文化概觀；福建：福建教育。

24. 李廷錦

　　1994　楊柳青青江水平──歷代竹枝詞賞析；台北：開今文化。

25. 何欣

　　1984　當代臺灣作家論；台北：東大。

26. 李國祁

　　1975　清代基層地方官人事嬗遞現象之量化分析（第一冊）；台北：行政院國家科學委員會。（周天生、許弘義合著）

27. 吳密察、許雪姬、Christine Vertente 編

　　1991　先民的足跡——古地圖話台灣滄桑史；台北：南天。

28. 李維‧史特勞斯（Claude Levi-Strauss）

　　1989　野性的思維；台北：聯經。（李幼蒸譯）

29. 李賢文

　　1998　攝影台灣；台灣：雄獅。

30. 李寶嘉

　　1962　官場現形記；台北：世界。

31. 周明德

　　1993　臺灣風雨歲月——臺灣的天氣諺語與氣象史；台北：聯明。

32. 林淑慧

　　2004　臺灣文化采風：黃叔璥及其《臺海使槎錄》研究；台北：萬卷樓。

33. 周慶華

　　1995　臺灣文學與「臺灣文學」；台北：生智。

34. 周憲文

　　1980　臺灣經濟史；台北：開明。

35. 林衡道

　　1984　臺灣一百位名人傳；台北：正中。（洪錦福整理）

　　1996　臺灣史；台北：眾文。（臺灣省文獻委員會合編）

36. 郎瑛

　　1963　七修類稿；台北：世界。

37. 高上秦編

　　1983　時報報導文學獎；台北：時報。

38. 馬以工

　　1985　幾番踏出阡陌路；台北：時報。

　　1990　尋找老臺灣；台北：時報。

39. 翁佳音

　　2001　異論臺灣史；板橋：稻鄉。

40. 海洋台灣文教基金會

　　2000　地震、心慟、記憶——921 震災集體記憶推動小組記事；基隆：
　　海洋台灣文教基金會。

41. 馬凌諾斯基（B.K.Malinowski）

　　1994　原始社會的犯罪與習俗；台北：桂冠。（夏建中譯）

42. 恩斯特‧卡西勒（Ernst Cassier）

　　1997　人論；台北：桂冠。（甘陽譯）

43. 翁聖峰

　　1996　清代臺灣竹枝詞之研究；台北：文津。

44. 馬端臨

　　1998　文獻通考；浙江：浙江古籍。

45. 國分直一

　　1998　台灣的歷史與民俗；台北：武陵。（邱夢蕾譯）

46. 陳民本、陳汝勤

　　1982　中國的海洋；台北：中央文物供應社。

47. 曹永和

　　1978　臺灣早期歷史研究；台北：聯經。

48. 陳正祥

　　1993　臺灣地名辭典；台北：南天。

　　1995　中國歷史文化地理（上冊）；台北：南天。

49. 陳亦榮

　　1991　清代漢人在臺灣地區遷徙之研究；台北：私立東吳大學中國學術
　　著作獎助委員會。

50. 基辛（R.Keesing）

　　1989　文化人類學；台北：巨流。（張恭啟、于嘉雲譯）

51. 陳其南

　　1987　臺灣的傳統中國社會；台北：允晨文化。

52. 張炎憲編

　　1992　歷史、文化與台灣（一）—台灣研究研討會記錄（1~27 回）；台
　　北：臺灣風物雜誌社。

　　1992　歷史、文化與台灣（二）—台灣研究研討會記錄（28~50 回）；台
　　北：臺灣風物雜誌社。

　　1991　歷史、文化與台灣（三）—台灣研究研討會記錄（51~75 回）；台

北：臺灣風物雜誌社。

1993　臺灣史與臺灣史料；台北：自立晚報。（陳美容合編）

1996　臺灣史論文精選；台北：玉山社。

53. 郭侑欣選注

2012　郁永河集；台南：臺灣文學館。

54. 陳香

1983　臺灣竹枝詞選集；台北：商務。

55. 陳建才編

1994　八閩掌故大全・地名篇；福建：福建教育。

56. 郭茂倩

1970　樂府詩集（第四冊）；台北：中華。

57. 陳映眞

1988　西川滿與台灣文學；台北：人間。

58. 莊英章

1994　臺灣與福建社會文化研究論文集（一）（二）（三）；台北：中央研究院民族學研究所。（潘英海合編）

59. 許俊雅校釋

2009　裨海紀遊校釋；台北：編譯館。

60. 陳冠學

1994　訪草（第一卷）；台北：三民。

61. 陳振鐸譯

1984　基本土壤學；台北：徐氏基金會。

62. 脫脫

1965　宋史；台北：中華。

63. 陳國棟

2005　臺灣的山海經驗；台北：遠流。

64. 戚啓勳、關壯濤

1980　颱風的理論和預報；台北：季風。

65. 陳紹馨

1981　臺灣的人口變遷與社會變遷；台北：聯經。

66. 張菼

1965　鄭成功紀事編年；台北：臺灣銀行經濟研究室。

67. 張勝彥

1981　台灣史研究；台北：華世。

68. 張隆志

1991　族群關係與鄉村臺灣：一個清代臺灣平埔族群史的重建和理解；
台北：臺大出版委員會。

69. 陳景容

1985　印度・尼泊爾之旅；台北：武陵。

70. 陳義芝編

1998　台灣現代小說史綜論；台北：聯經。

71. 莊萬壽

1996　台灣論；台北：玉山社。

72. 陸傳傑等撰文

2001　裨海紀遊新注；台北：大地地理。

73. 陳漢光

1971　臺灣詩錄（上）（中）（下）；台北：臺灣省文獻委員會。

74. 商鴻逵

1988　明清史論著合集；北京：北京大學。

75. 陳鵬翔編

1983　主題學研究論文集；台北：東大。

76. 黃大受

1997　臺灣史綱；台北：三民。

77. 程大學

1991　臺灣開發史；台北：眾文。

78. 曾少聰

1997　東洋航路移民──明清海洋移民台灣與菲律賓的比較研究；江
西：江西高校。

79. 溫吉編譯

1999　臺灣番政志（一）；南投：臺灣省文獻委員會。

1999　臺灣番政志（二）；南投：臺灣省文獻委員會。

80. 廈門大學台灣研究所、中國第一歷史檔案館編輯部合編

1983　康熙統一台灣檔案史料選輯；福建：福建人民。

1985　鄭成功檔案史料選輯；福建：福建人民。

81. 黃富三

1987　霧峰林家的興起；台北：自立晚報。

82. 彭瑞金

    1998　葉石濤評傳；高雄：春暉。

83. 鈴木清一郎

    1989　臺灣舊慣習俗信仰；台北：眾文。（馮作民譯）

84. 楊彥杰

    2000　荷據時代台灣史；台北：聯經。

85. 葉石濤

    1979　採硫記；台北：龍田。

    1996　台灣文學史綱；台北：文學界雜誌社。

    1999　追憶文學歲月；台北：九歌。

    1999　從府城到舊城——葉石濤回憶錄；台北：翰音文化。

86. 葉振輝

    1995　台灣開發史；台北：臺原。

87. 楊國楨、鄭甫弘、孫謙

    1997　明清中國沿海社會與海外移民；北京：高等教育。

88. 楊雲萍

    1981　臺灣史上的人物；台北：成文。

89. 楊碧川

    1995　簡明台灣史；高雄：第一。

90. 楊熙

    1983　清代臺灣：政策與社會變遷；台北：天工。

91. 廖雪蘭

    1989　台灣詩史；台北：武陵。

92. 樓鑰

    1979　攻媿集；台北：商務。

93. 劉如仲、苗學孟

    1992　清代台灣高山族社會生活；福建：人民。

94. 劉克襄

    1988　探險家在臺灣；台北：自立報系。

    1989　橫越福爾摩沙；台北：自立報系。

95. 劉其偉

    1994　文化人類學；台北：藝術家。

96. 潘英

　　1996　臺灣平埔族史；台北：南天。

97. 劉昭民

　　1992　台灣先民看台灣；台北：臺原。

98. 蔡相煇

　　1997　臺灣社會文化史；台北：空大。

99. 鄭祖安、蔣明宏編

　　1994　徐霞客與山水文化；上海：上海文化。

100. 歐陽修

　　1965　新五代史；台北：中華。

101. 劉還月

　　1995　尋訪台灣平埔族；台北：常民文化。

102. 蕭新煌、蔣本基、劉小如、朱雲鵬合著

　　1993　台灣二〇〇〇年；台北：天下文化。

103. 戴寶村

　　2011　台灣的海洋歷史文化；台北：玉山社。

104. 顏金良

　　1998　前進老臺灣：郁永河採硫傳奇；高雄：河畔。

105. 瞿海良

　　1997　大自然的賞賜：臺灣原住民之飲食文化；台北：文建會。

106. 顧俊

　　1988　清朝史話；台北：木鐸。

107. 顧祖禹

　　1956　讀史方輿紀要；台北：新興。

108. Coyett et Socii（C.E.S.）

　　1956　被遺誤之臺灣；台北：臺灣銀行經濟研究室。（周學普譯）

109. Holmes Rolston,Ⅲ

　　1996　環境倫理學；台北：國立編譯館。（王瑞香譯）

110. Lames W.Davidson

　　1972　臺灣之過去與現在（第一冊）（第二冊）；台北：臺灣銀行經濟研究室。（蔡啓恆譯）

111. Rev.Wm.Campbell 編著

　　1992　FORMOSA UNDER THE DUTCH；台北：南天。

112. W.A.Pickering

　　1994　發現老臺灣；台北：臺原。（陳逸君譯）

（四）學位論文

1. 王秀玲

　　1994　清代臺灣盜案之研究；台北：師範大學歷史研究所碩士論文。

2. 卓意雯

　　1991　清代臺灣婦女生活的研究；台北：臺灣大學歷史研究所碩士論文。

3. 施懿琳

　　1991　清代臺灣詩所反映的漢人社會；台北：師範大學國文研究所博士論文。

4. 陳其南

　　1975　清代臺灣漢人社會的建立及其結構；台北：臺灣大學考古人類研究所碩士論文。

5. 陳純瑩

　　1986　明鄭對台灣的經營（一六六一～一六八三）；台北：師範大學歷史研究所碩士論文。

6. 溫振華

　　1978　清代台北盆地經濟社會的演變；台北：師範大學歷史研究所碩士論文。

7. 詹素娟

　　1986　清代台灣平埔族與漢人關係之研究；台北：師範大學歷史研究所碩士論文。

　　1998　族群、歷史與地域──噶瑪蘭人的歷史變遷（從史前到 1900 年）；台北：師範大學歷史研究所博士論文。

8. 劉妮玲

　　1982　清代台灣民變研究；台北：師範大學歷史研究所碩士論文。

9. 蔡淵洯

　　1980　清代臺灣社會的領導階層（1684～1895）；台北：師範大學歷史研究所碩士論文。

10. 鍾幼蘭

　　1995　族群、歷史與意義──以大社巴宰族裔的個案研究為例；新竹：清華大學社會人類研究所人類學組碩士論文。

11. 謝宏武

　　1994　清代台灣義民之研究；台北：師範大學歷史研究所碩士論文。

（五）期刊論文、報紙

1. 月三

   1999　康熙皇帝與台灣西瓜；歷史月刊 136：18～20。

2. 王文進

   1998　中國自然山水文學的三部曲——以南朝「山水詩」到「徐霞客遊記」觀察；中外文學 26（6）：75～82。

3. 中村孝志

   1951　荷據時代臺灣的地震；台灣風物 1（1）：6～9。（吳宵譯）

4. 尹章義

   1988　台灣開發史第一章——台灣開發史的階段論和類型論；漢聲 19：84～95。

5. 方豪

   1976　中原文獻與臺灣研究；國立臺灣大學歷史學系學報 3：255～266。

   1979　清代前期台灣方志的編纂工作；台灣人文 2：5～16。

6. 古堡博士（Dr.E.Altenburger）

   1999　餘悸猶存話地震（上）——台灣的龐貝城；世界地理雜誌 207：10～30。（周明江譯）

   1999　餘悸猶存話地震（下）——跨越國界的援手；世界地理雜誌 208：26～45。（何修宜譯）

7. 永積洋子

   1993　荷蘭的台灣貿易（上）；臺灣風物 43（1）：13～43。（許賢瑤譯）

8. 朱祖佑

   1962　中國東海及臺灣附近海流之研究；中國氣象學會會刊 4：無頁碼。

9. 江寶釵

   1999　清代台灣竹枝詞新論；第二屆國際清代學術研討會論文集：615～648。

10. 何天華

    1996　台灣原住民社會面臨解體的危機；台灣研究集刊 1：82～85。

11. 杜正勝

    1998　《番社采風圖》題解——以臺灣歷史初期平埔族之社會文化為中心（一）；大陸雜誌 96（1）：1～21。

    1998　《番社采風圖》題解——以臺灣歷史初期平埔族之社會文化為中心（二）；大陸雜誌 96（2）：1～16。

1998 《番社采風圖》題解——以臺灣歷史初期平埔族之社會文化爲中心（三）；大陸雜誌 96（3）：1～15。

1998 《番社采風圖》題解——以臺灣歷史初期平埔族之社會文化爲中心（四）；大陸雜誌 96（4）：1～18。

1998 《番社采風圖》題解——以臺灣歷史初期平埔族之社會文化爲中心（五）；大陸雜誌 96（5）：1～13。

1998 《番社采風圖》題解——以臺灣歷史初期平埔族之社會文化爲中心（六）；大陸雜誌 96（6）：1～13。

12. 李永適

1999 當台北遇到強震——盆地裡的危機；大地地理雜誌 141：22～46。

13. 沈光文

1953 番婦；南瀛文獻 1（2）：18。

14. 李東華

1988 史學與天主之間：方豪的志業與平生；歷史月刊 8：30～36。

15. 何素花

1996 清初旅臺文人之台灣社會觀察——以郁永河的『裨海紀遊』爲例；聯合學報 13：283～322。

16. 李國祁

1978 清代台灣社會的轉型；中華學報 5（2）：131～159。

17. 吳新榮

1953 郁永河時代的臺南縣；南瀛文獻 1（1）：29～31。

18. 屈小強

1992 從民間「竹枝詞」到文人「竹枝詞」；民間文學論壇 6：53～59。

19. 林明聖、蕭謙麗、夏黎明、陳宏仁

1999 康熙台北大湖考釋；第三屆台灣地理學術研討會（下冊）。

20. 林紹豪

1963 颱字義源；中國氣象學學會會刊 4：無頁碼。

21. 洪英聖

1997 三大火山群與七大地質帶；師友 355：67～70。

1998 臺灣多樣化的地質與土壤；師友 356：69～72。

22. 施添福

1989 清代台灣泉籍移民的原鄉地理環境和生活方式；漢聲 20：96～99。

23. 施懿琳

　　1992　明鄭時期的台灣詩；中國學術年刊 13：203～236。

24.　孫大川

　　1994　面對人類學家的心情—「鳥居龍藏特展」宣言；山海文化 6。

25.　唐羽

　　1990　清代臺灣移民生活史之研究（上）；臺灣文獻 38（1）：1～85。

26.　韋煙灶

　　1999　台灣地區中小學土壤地理教育之研究；第二屆臺灣地區地理學術研討會論文集。

27.　陳正祥

　　1953　台北盆地之構造與成因；學術季刊 2（1）：88～92。

28.　莊吉發

　　1998　故宮文獻檔案與清代台灣史研究；台灣史研究 2（1）：161～175。

29.　張明雄

　　1987　康熙年間清廷治臺政策及其檢討；臺北文獻直字 74：41～85。

30.　許俊雅

　　1992　陳第與東番記；中國學術年刊 13：237～261。

31.　陳泰然

　　1980　話說颱風的來龍去脈；科學月刊 9（8）：61～63。

32.　陳捷先

　　2000　清康熙年間有關「台灣問論」的爭論；歷史月刊 138：65～71。

33.　陳國棟

　　1978　西班牙及荷蘭時代的淡水（上）；台灣人文 3：27～38。

　　1978　西班牙及荷蘭時代的淡水（下）；台灣人文 4：25～34。

34.　莊雅仲

　　1993　裨海紀遊：徘徊於自我與異己之間；新史學 4（3）：59～79。

35.　莊萬壽

　　1997　台灣平埔族的儒化；第一屆台灣儒學研究國際學術研討會。

　　1998　台灣海洋文化之初探；中國學術年刊 18：1～14。

36.　張領孝

　　1982　颱風氣候學淺談；交通建設 31（7）：3～5。

37.　陳碧笙

　　1981　十七世紀中葉台灣平埔族社會經濟及其與漢族的關係；社會科學戰線 3：166～171。

38. 彭小妍

1994　族群書寫與民族／國家──論原住民文學；原住民文化會議論文集。

39. 黃得時

1944　台灣文學史；台灣文學 4（1）：97～104。

1996　台灣文學史序說；文學台灣 18：59～74。（葉石濤譯）

40. 賀照緹

1999　台北古地圖散步閱覽台北時空；大地地理雜誌 140：92～105。

41. 湯熙勇

1995　論清康熙時期的納臺爭議與臺灣的開發政策；臺北文獻 114：25～53。

42. 詹素娟

1995　族群歷史研究的「常」與「變」──以平埔研究爲中心；新史學 6（4）：127～153。

1999　族群關係中的女性──以平埔族爲例；婦女與兩性研究通訊 42：3～7。

43. 費海璣

1971　裨海紀遊研究；書目季刊 6（1）：25～30。

44. 楊照

1999　迷戀「華麗島」的西川滿畢生不脫異國豔情風格；新新聞 629：84～85。

45. 鄧孔昭

1993　李光地、施琅、姚啓聖與清初統一台灣；台灣研究集刊 1：68～76。

46. 劉經發

1994　看康熙帝同陳璸的對話紀錄知清統一後的台灣社會經濟的發展；台灣研究 3：84～86。

47. 蔣勳

1979　重尋郁永河的足跡（上）；漢聲 6：10～25。

1980　重尋郁永河的足跡（下）；漢聲 7：90～99、107。

48. 戴炎輝

1962　清代臺灣鄉莊之建立及其組織；臺灣銀行季刊 13（3）：267～296。

1975～1976　清代臺灣番社的組織及運用；臺灣文獻 26（4）～27（1）：329～375。